Severin Walter Schlüter

Theologische Gedanken von der Polygynia

Von dem Nehmen vieler Weiber

Severin Walter Schlüter

Theologische Gedanken von der Polygynia
Von dem Nehmen vieler Weiber

ISBN/EAN: 9783743604087

Hergestellt in Europa, USA, Kanada, Australien, Japan

Cover: Foto ©Lupo / pixelio.de

Weitere Bücher finden Sie auf **www.hansebooks.com**

Dem Hochgebohrnen Graffen
und Herren/
Hn. Friedrich/ Graffen von Alefeldt/

zu Langeland und Rixingen/ Freyherren zu Mörsburg/ Herren auff beyden See- und Ballgarden/ Grauenstein und in der Wildnuß/ Rittern/ Ihr. Königl. Maj. zu Dennemarck und Norwegen hochbetrautem Kantzlern/ Geheimen Estats- und Land-Rath/ Præsidenten im Collegio Status und der Kantzeley/ Gouverneurn zu Steinburg und im Südertheil von Ditmarschen &c.

Meinem gnädigen Graffen und Herren:

Dem

Dem Hochwolgebohrnen
Herren/
**H. Johan Christoff
von Körbitz/**
Auff Hellerup/ Rittern/ dero zu Dennemarck
und Norwegen Königl. Maj. hochbetrautem
Geheimen Raht/ Reichs-Marschallen/ Amptmann zu Kopenhaven und Roschild/ Assessorn im Estats- Höchsten Gerichts- und
Krieges-Collegio &c.

Imgleichen

Dem Hochwolgebohrnen
Herren/
Hn. Helmuth Otto/
Freyherren von Winterfeld/ Herren zu Wustrow und Ressensfeld/ Rittern/ dero zu Dennemarck und Norwegen Königl. Maj. hochansehnlichem Ober-Hoff-Marschallen/ Ober Stallmeistern/ und Ober Schencken/ auch
Amptmann auff Friedrichs-burg/ Kronenburg und Esserum &c.
Meinem hochgebietenden Herren/
Dann

Dann auch
Dem Wolgebohrnen/ HochEdlem/
Gestrengen und Vesten Herren/
Hn. Thomas Grotz
Herren zu Fresett/ Fackenfeld und Weßbüttel &c. Ihr. Majest. der Königl. Frau Mutter zu Dennemarck und Norwegen hochverdientem Kammerherren:

Herrn Otto von Qvalen/
Herren zu Ziggen &c. Ihr. Majest. der Königl. Frau Mutter zu Dennemarck und Norwegen hochqvalificiertem Kammer-Junckern.

Herrn

Herrn
Reinhold Mejern/
Ihr. Majest. der Königl. Frau Mutter zu Dennemarck und Norwegen hochbetrautem Raht und geheimen Cammer-Secretario:

Herrn
Otto von Alefeldt/
Herren zu Frisienburg und Neuhoff/ Ihr. Majest. der Königl. Frau Mutter zu Dennemarck und Norwegen hochbestalten Hoff-Junckern:

Meinen allerseits hochgeneigten/hochgeehrten Herren/ auch sonders wehrten Freunden.

Gnädi-

Gnädiger Graff/
Hochgebietende/ Hochgeneigte Herren/

So weit ist es nunmehro gekommen/ daß die Christen nach gerade bey den Heyden in die Schule zugehen nötig haben. Warum? weil die Heyden zum Theil besser/ als sie/ das jenige wissen/ was zu wissen. Vor einen Christen will der/ wieder welchen die gegenwertige Dissertation gerichtet ist/ angesehen seyn: und ist er ja auch von vornehmen Christlichen Eltern und VorEltern/ die sich um die Christliche Kirche höchst verdient gemacht/ entsprossen: hat dabeneben selbst in verschiedenen functionen einen Lehrer der Christen abgegeben. Wenn wir aber seine alhie untersuchete Lehre ansehen/ so weiß er nicht/ oder will doch nicht wissen/ was auch die Heyden hievon wissen. Seneca ist ein Heyde gewesen. Denn das die/ welche ein anders aus denen umher fliegenden Brieffen Senecæ an Paulum und Pauli an Senecam schliessen wollen/ im Irrthum stecken/ haben die Gelehrte schon außgemachet. Und doch finden wir

wir in seinem XCIV. Brieffe diese Worte: *Scis improbum esse, qui ab uxore pudicitiam exigit, ipse alienarum corruptor uxorum. Scis, ut illi nil cum adultero, sic nihil tibi esse debere cum pellice: Et non facis.* In dem folgenden XCV. Brieffe heisset also: *Sciet in uxorem gravissimum esse genus injuriæ habere pellicem:* Sed illum libido in contraria impinget. Das hat Seneca gewust auß dem blinden Licht der Natur: und Theophilus Alethæus weis dergleichen nicht einmahl aus dem Liecht des Göttlichen Wortes. Aber was braucht es viel Verwunderns/ daß die Lehrer der Heyden in gewisser maasse klüger als die Lehrer der Christen/ so da Kinder des Liechtes seyn können und solten/ folgen jetzo Hauffenweise dem Herren der Finsternus gantz ohnbedächtlich auff den Wegen der Finsternuß/ und treiben darauff allerhand Wercke der Finsternuß. Was denn Wunder/ daß ihnen der Vater des Lichts zur Straffe solche Lehrer gibt/ deren Sinne verfinstert/daß sie mit sehenden Augen bey dem hellen Liecht des Göttlichen Wortes nicht sehen/ was dabey zu sehen/ und dannenhero mit allerhand Wercke der Finsternuß lehrenden Lehren auffgestiegen kommen? Hats doch der in der Finsternus dieser Welt

herr-

herrschende Teuffel so weit gebracht/ daß er
nicht nur seinen Judischen Rabbinen/ Samuel Laniado, beredet/ den Ehebruch des Davids mit der Batseba auffs zierlichste in seinem
כלי יקר (so ein Commentarius über die ersten Propheten) zu bemänteln/ und also zu
verthädigen/ was die Talmudisten schreiben:

כל האמר דוד חטא אינו אלא טועה

das ist/ wer da saget/ das David gesün-
diget/ der irret: sondern gar einen Ertzbischoff und Cardinal zu Rom (der Nahme ist
nicht wehrt/ daß er genant werde) vermocht/
ein eigenes Buch de laudibus Sodomiæ in
Welschland an des Tages Licht zu stellen.
Nötig/ ja hochnötig/ daß wir Lehrer der Christlichen Kirchen in dessen Betrachtung munter
seyn/ und die in der That jetzo mehr als Heid-
nische Christen-Welt aus dem Reich der Finsternuß zu erlösen trachten. Es gehet unter andern dahin auch die hiesige Arbeit. Were eher/
als jetzo damit fertig worden/ wenn nicht meine ordentliche Arbeit in unser Königlichen
Hoff Kirchen/ wie auch andere Dinge einige
Verzügerung gemachet hetten. Habe dabey
allemahl vor Augen gehabt die Regel des grossen Augustini, welche in seinem 4. Buch de
Trinit. cap. 6. also lautet: Contra ratio-
nem nemo sobrius, contra scripturas nemo

mo Christianus, contra Ecclesiam nemo pacificus senserit. GOtt gebe/ daß ich nicht umbsonst gearbeitet habe. Kan ich meinen Wiedersacher selbsten hiedurch nicht gewinnen (hæresiarchas enim convertere propè inter impossibilia numerari solet, nach Lucæ Osiandri Worten in seiner Vorrede über die XVI. Centurie seiner KirchenHistorie) so werde ich zu frieden seyn/ wenn ich nur andern/ die bißhero aus Schwachheit entweder geirret oder Zweiffelhafft in diesem Stücke gewesen/ damit diene.

Uberreiche unterdessen/ meinem Gnädigen Graffen/ wie auch Hochgebietenden/ Hochgeneigten und Hochgeehrten Herren diese Schrifft/ theils wegen des hohen Ansehens/ so sie in diesem Reichen und Ländern haben (krafft dessen/ was Christlich ist/ darin kan besodert/ und was unchristlich ist/ außgerottet werden/) theils derselben beharrliche Gnade/ Gunst und Gewogenheit mir hiedurch (da vor der Hand kein ander Mittel hierzu habe) zu erwerben. Bey dem/ was ich dargebe/ wird man nicht so sehr die Gabe/ als des Gebers Absehen vor Augen haben. Ich erkläre mich/ negst Befehlung in Göttliche Obhut/

Für E. HochGräfl. Gnaden und Exc. Exc. wie auch für meiner Hochgeneigten/ Hochgeehrten Herren/

Gehorsamen und bereitwilligsten Diener und Fürbitter bey GOtt/ so lange ich heisse

Severin Walther Schlüter,

Vorrede.

WO der Mund nicht zureichē wil/ da muß auch die Feder das ihrige thun. Von dem nehmen vieler Weiber/ habe ich mehr den einmal dieser Orten theils auf der Cantzel in unser Königlichē Hof-Kirchen/ theils in privat Behausungen Mündlich meine Gedancken eröffnet. Darzu hat mich die Noht getrieben: sintemal nicht nur eine Zeithero verschidene hievon beydes in Teutscher und Lateinischer Sprache außgegangene Schrifften bald diesen/ bald jenen/ auch wol einige in unser Hoffgemeine/ irre gemachet/ sondern auch einer der vornehmsten Verfechter des Irrthumbs vom nehmen vieler Weiber (welcher unter andern hievon einen Politischen Discurs geschrieben/ für dem er sich Theophilum Alethæum nennet) Persöhnlich in diese Plätze gekommen/ seine stinckende Wahren hin und wieder/ bevorab bey den un- oder doch zum wenigsten nur halbgelehrten anzubringen getrachtet/ auch dabeneben meine Kundschafft

Vorrede.

schafft gesuchet/ und mit mir keinen geringen Wort-Streit von dieser Sache zu verschiedenen mahlen gehabt. Ob nun gleich der jenige/ auff welchen jetzo gezielet/ der auch männiglichen alhie bekant/ schon vor einiger Zeit unsern Ort aus Noht qvitiret/ so scheinet doch/ es habe annoch seine verführische Lehre/ mit welcher er hin und wieder in die Häuser geschlichen/ in vieler Hertzen ihre Wohnung. Thut dannenhero nöhtig selbige durch einen schrifftlichen Unterricht/ den jederman lesen kan/ heraus zubringen. Ist zwar schon vorhin durch einen und den andern geschehen: und hat insonderheit der benahmte Theologus auff der Jenischen hohen Schule/ Herr D. Johannes Musæus, in diesem fall das seinige gethan. Allein es machet sich dessen ohngeachtet erwehnter Theophilus Alethæus noch zimlich breit / insonderheit weil der wolgedachte Hr. Musæus wegen anderer hochwichtige Geschäfte (wie er §. LXII. seiner An. 1675. wieder Theoph. Aleth. herauß gegebenen Dissertation zu verstehe gibt)

nicht

Vorrede.

nicht die Weile gehabt/ alle und jede Behülffe/ so jener in seinem Politischen Discurs von dieser Materie vorgebracht/ ordentlich nach einander durchzugehen: und andere/ so etwan auch hievon ihre Meinung an den Tag gegeben/ eine und die andere hypothesin führen/ die nicht eben allerdings fast mag gegründet seyn/ dahero ihnen auch leicht von mehrgemelten wiedersacher/ ob gleich ihr Thesis an sich richtig genug/ kan begegnet werden: wiewol ich niemand hiemit will zu nahe geredet haben/ als der ich alle die jenige in wehrt halte/ welche sich möglichst bemühen die Göttliche Warheit wieder die jetzige Atheistische Welt zu behaupten/ sie mögē es auch thun/ auf weise sie wollen/ in Betrachtung/ daß im guten einerley Zweck zu haben/ an sich lobwürdig ist. Es hat mir unterdessen gefallen dieses in der Teutschen Sprache zu verrichten/ weil vornehmlich mein Zweck ist den ungelehrten/ die der Lateinischen Sprache nicht kundig/ hiemit nach vermügen zu dienen: da sonsten/ wenn den ungelehrten nicht schon irri-

Vorrede.

ge conceptensie hievon gemachet weren/ die Lateinische Sprache/ so das meiste besser mit ihren Redensarten außdrucken kan/ würde vorgezogen haben. Keiner halte davor/ ob thue ich/ was ich jetzo thue/ aus einer der eitelen Welt gebräuchlichen Schreib-und Ruhmsucht. Mir ist es darumb/ wie sonsten manchem (der doch wenig/ oder wol nichtes von seinem eignen zu Marckt bringen kan) nicht zu thun/ daß mein Nahme im Laden Feil stehen möge. Was alhie geschrieben wird/ das heisset mich schreiben der auch dieses Ortes (wie schon vorhin gedacht) einigen beygebrachte/ und annoch in derselben Adern fliessende Gifft/ welcher endlich ihrer mehre anstecken möchte/ wenn man sie nicht wol mit Artzeny verwahret. Das ist nicht ohne. Darzu dürffte es wol nicht eben so bald kommen/ daß es/ wie offtgenandter Theoph. Alethæus dahin sein Absehen gerichtet/ von der Obrigkeit geboten/ oder doch vergönnet werde/ öffentlich mehr denn ein Weib zu haben: es were aber schon schlim genug/

Vorrede.

nug/ wenn nur denen zu allerhand Geilheit Lust und belieben tragenden Gemütern (deren es leider mehr denn zu viel gibt) durch die Lehre vom nehmen vieler Weiber solche impressiones könten gemachet werden/ daß es an sich (ob gleich nebst Lehrern und Predigern die Obrigkeit dawieder) auch im N. Test. keine Sünde/ sich zu mehren/ als einem Weibe/ bey des einen Lebenszeit zu halten. Wie? würde nicht auff solche weise die Zahl der heimlichen Ehebrecher/ so ohne das schon groß genug/ um ein grosses vermehret werden? Diesem nun/ so viel in Menschlichen Kräfften/ zu steuren/ wird diß auffgesetzet/ und zwar ohne unnützen Worten/ als für welche ein jeder Christ/ vielmehr ein Theologus, nicht weniger als für böse Wercke rechenschafft zu geben hat. Lasse Theophilum Alethæum, seiner Person nach seyn/ wer er ist. Habe nur mit seinen Irrthümern zu thun. Die Abhandlung soll geschehen nach folgenden Fragen:

I. Was

Vorrede.

I. Was Theophilus Alethæus, und was wir vom nehmen vieler Weiber lehren?

II. Was für allgemene principia zum Grunde zu setzen/ damit die Behauptung unserer/ und die Umstossung der Wiedrigen Lehre von dieser Sache recht eingenommen werde?

III. Mit welchen Beweißthümern sich unsere Lehre Behaupten/ und wie sich selbige von Theophili Alethæi Einwürffen vindiciren lassen?

IV. Welcher Beweißthümer sich das Wiederpart bediene/ und was von denselben zuhalten?

Die I. Frage:

Was Theophilus Alethæus und was wir vom nehmen vieler Weiber lehren?

Antwort.

Könte allhie weitleufftig anführen/ was vor dem in der Vorrede offtgemeldetem Theophilo Alethæo andere (insonderheit Bernhardinus Ochinus in seinem XXI. Dialogo, dem sich der gelehrte Theodorus Beza wiedersetzet) hievon gelehret haben. Aber das ist vor dißmal mein Zweck nicht. Ich will nur vorstellen Theophili Alethæi Meinung/ der ohnverschamter als alle andere/ so jemals hievō etwas an den Tag gegeben/ sich herausgelassen. Es thut sich aber derselbe insonderheit hervor in seinem nunmehro schon zweymahl heraußgegebenen Tractat, dessen Titul dieser: Discursus Politicus, Autore Theophilo Alethæo. Werde/ was ich hieraus anziehe/ anziehen aus der im vorigen 1676. Jahr in Octavo geschehenen Außfertigung/ als welche die vollenkommenste. Was lehret er denn nun hierin vom nehmen vieler Weiber? Er lehret/ daß das nehmen vieler Weiber vermöge des Natur=Völcker=und Göttlichen Rechtens nicht nur zuläßig/ sondern gar nohtwendig: und daß dannenhero der Obrigkeit in Weltlichen/ den Lehrern

A und

uñ Predigern im Geistlichen Stande oblige/nicht nur das nehmen vieler Weiber nicht zu verhindern oder zu bestraffen/ sondern vielmehr nach aller Mögligkeit zu befodern. Daß dieses seine Meinung sey/ zeiget hin und wieder gedachtes Buch. Muß dennoch gleichwol hiebey erinnern/ daß/ da des Wiederparts Hauptzweck in seiner gantzen Schrifft/ darzuthun/ es sey das nehmen vieler Weiber nicht nur zuläßig/ sondern auch nohtwendig/ er sich doch/ wie sonst offt/ entgegen/ wen er *p. 41. in Med.* schreibet/ es sey das nehmen vieler Weiber ein indifferens oder ein Mittelding: wie wir denn auch in seinem gleichsals An. 1676 in 4to gedruckten Politischen Discurs zwischen Polyg. und Monog.(vor welchen er sich J. L. nennet) lit. D. col. a dergleichen finden: Ja lit. B col. 6 am ende lautets außdrücklich: **Es ist kein Herren Gebot/ wer es thun will/ der thue/ wer es lassen will/ der lasse es:** welches eine anzeige seines ihn von Falschheit dieser Lehre überzeugenden/ oder doch zum wenigsten wanckenden Gewissens ist. Unsere Gedancken im gegentheil gehen dahin/ es sey so gar das nehmen vieler Weiber vermöge des Göttlichen Rechtens nicht nothwendig/ daß es auch vermöge desselben im N. Test. nicht einmahl zuläßig/ ob es gleich bey gewissen Persohnen im Alt. Test. vermöge eines Privilegii mag zuläßig gewesen seyn. Das Natur-Recht anlangend/ kan man davon sagen/ daß es in gewisser

Maasse

Maaſſe (wie hernacher wird zuſehen ſeyn) nicht eben wieder daſſelbe/ ferne aber/ ſey es von uns/ daß wir ſagen ſolten/ es ſey nach demſelben nohtwendig. Was das Völcker-Recht betrifft/ vermag ſelbiges hierin kein Richter abzugeben/ weil aus einer durchgehenden Gewonheit vieler Völcker (die tituliret man aber allhie das Völcker-Recht) nicht alſobald ein Recht zu ſchlieſſen ſtehet. Das mitlere möchte etwan einem und dem andern vor den Kopff ſtoſſen/ und dürffte ich deßfals zu milde geredet zu habe ſcheinen: allein man wird mir hierin hoffentlich Beyfall geben/ wenn man nur allererſt recht bey ſich erweget/ was eigentlich vor ein Natur-Recht zu achten. Das ſcheinen auch die jenige nicht recht zu wiſſen/ welche ſich vor andern düncken laſſen/ ſie wiſſens/ und die von dieſer ihrer Wiſſenſchafft weis nicht was vor ein groſſes Geſchrey machen. Was eigentlich vor ein Natur-Recht zu achten/ das müſſen uns die jenige lehren/ ſo dieſer Sachen/ vermöge ihrer Profeſſion vernünfftig für andern nachgeſonnen/ davon denn (wie auch von andern Dingen/ ſo unſere Meinung zu erlautern dienſam ſeyn) in der Antwort auff die nechſte Frage. Und fehlet mirs ohne das auch nicht beydes unter den alten und neuen Kirchenlehrern an ſolchen/ die in dieſen fall/ das nemlich das nehmen vieler Weiber nicht bloßser Dinge wieder das Natur-Recht/ mit mir einig sind: werde sie in folgenden nennen.

Die II. Frage.

Was für allgemeine Principia zum Grunde zu setzen/ damit die Behauptung unserer/ und die umstossung der Wiedrigen Lehre von dieser Sache recht eingenommen werde?

Antwort.

An richtiger Beantwortung dieser Frage ist sehr viel gelegen. Denn da hänget hieran ein gutes Theil dessen/ wovon der Streit. Anlangend nun die allgemeine Principia, so alhie zum Grunde zusetzen/ gibt es derselben verschiedene. Sie lauten also:

I. Ein Recht oder Gesetz der Natur ist das jenige/ das da etwas gebeut/ so nach dem Natur-licht zu friedlicher Verbindung mit denen/ die entweder mehr/ oder eben so viel oder weniger sind/ als wir kurtz und nohtwendig/ oder das da etwas verbeut/ so an friedlicher

Ver-

Verbindung mit denen/ die entweder mehr/ oder eben so viel/ oder weniger sind/ als wir/ hinderlich ist. Wenn man sich nun nach denen ein solches gebietenden oder verbietenden Gesetzen richtet/ so handelt man dem Natur-Recht gemäß: Richtet man sich aber nicht darnach/ so handelt man dem Natur-Recht zu wieder. Dürffte dem ersten Anblick nach das Ansehen gewinnen/ ob lehrete ich allhie in Beschreibung des Natur-Rechts/ wenn ich darin der friedlichen Verbindung gedencke/ dem entgegen/ was der Weltberühmte Statsmann *David Mevius* in seinem *Prodromo Jurispr. Gentium communis inspect. II. §. L. it. insp. III. §. XIII.* inculciret/ da er nicht gestatten will/ das man das Natur-Recht suchen soll in *in necessariis societati humanæ*, in dem/ was zur Menschlichen Gesellschafft nohtwendig ist/ unter andern weil das Natur-Recht mehr in sich begreiffet/ als das/ was zur Menschlichen Gesellschafft erfodert wird. Allein da mögen die jenige/ welche da blosser Dinge die Menschliche Gesellschafft zum Fundament des Natur-Rechts setzen/ zusehen/ wie sie wolgedachten Mevio *satisfaction* geben. Wenn meine vorhin geschehene Beschreibung des Natur-Rechts der Gebühr nach beobachtet wird/ so stehet darin nicht von der *societæt* oder *socialitæt*, sondern von friedlicher Verbindung mit denen/ die entweder mehr/ oder eben so viel/ oder weniger sind als wir: und dahin kan alles/ was wir vermöge des Natur-Rechts zu thun oder zu lassen schuldig/ gebracht werden: wie sich solches etwan zu anderer Zeit deduciren läst:: und hat ja auch der gelehrte *Samuel Pufendorfius,* da er in seinem Opere de Jure Naturæ & Gentium, als in welchem er die socialitæt zum Grunde des Natur-Rechts gesetzet/ das Natur-Recht *lib. II. cap. III. §. 23.* nur abgetheilet in das/ was selbiges von uns erfodert in ansehung unser selbst/ und in das/ was es in ansehung unser Nebenmenschen von uns erfodert/ hernachmahls/ wie er zu andern Gedancken kommen (zweifels ohne unter andern auff veranlassung dessen/ was *Mevius l. c.* geschrieben: worauff auch seine Worte am Ende der *Præfation* für dem *Opere de J. Nat. & Gent.* zielen) in seinem I. Buch *de Officio hominis & Civis juxta leg. natur. cap. III. §. 13.* auch das hinzugethan/ was das Natur-Recht in ansehung GOttes von uns erfodert: auff welche weise er den dem jenigen nahe kompt/ was ich zuvor vom Natur-Recht gesagt: ohne daß/ wo ich nicht irre/ der Terminus: Friedliche Verbindung/ (pacifica unio) Dessen ich mich bedient/ allhie bequemer zu seyn scheinet/ als der Terminus: Friedliche *societas,* dessen sich *Pufend. l. jam cit. c. II. §. 16.* in seiner Beschreibung des Natur-Rechts/ gebrauchet hat:

POLYGYNIA.

hat: wiewol ich mit niemand sonderlich streiten will/ wenn er noch einen andern Terminum erdencken kan. Man wird unterdessen/ was zur Erläuterung dieses meines Satzes gehöret/ in gewisser maasse (wenn das/ was jetzo erinnert/ dabey in acht genommen wird) finden bey erwehntem *Pufend. cit. lib. II. de Jure Nat. & Gent. cap. III. L. §. 15. it. de Offic. hom. & Civ. cit. lib. I. cap. III.* Wenn man den Theoph. Aleth. selbst ansiehet/ so läst sich fast aus seinen eigenen Worten (die er doch zweifels ohne zu dem ende nicht vorgebracht) eine solche Beschreibung des Natur-Rechts heraußiehen. Die Worte/ darauff ich ziele/ stehen *p. 151. seines Disc. in Med.* Sie lauten also: Si in universum id reciperetur, ut omnes sibi membra generationi dicata soli libidini exercendæ data crederent, eiq; usui unicè applicarent, decora inter homines *& tranqvilla societas subsistere non posset. Ex qvo conseqvitur, jure naturali* illas vagas libidines & scortationes damnari, das ist/ Wenn man das überall annehmen wolte/ das ein jeder glauben müste/ es seyn ihm seine zur Kinderzucht gegebene Gliedmaassen nur bloß zur Geilheit gegeben; und wen sie dannenhero auch ein jeder nur darzu anwendete/ so könte keine gute und friedliche societæt unter den Menschen bestehen. Woraus folget/

A iv   daß

daß die unbeständige Liebe und Hurerey in dem Natur-Recht verdamet. Man kan hinzuthun/ was da gelesen wird bey L. Joh. Barthol. Herold *in Dissert. de Polygam. simultan. & success. ejus q́; justit. int. §. 46. 48.*

2. Das Göttliche Recht verbeut mehr als das Natur-Recht/ und kan also zugelassen seyn nach dem Natur-Recht/ was nach dem Göttlichen Recht verboten ist.

Dieser Satz ist entgegen gesetzt der ungereimten Rede des *Theoph. Alethai,* die er §. XV. seines *Polit. Disc. de Polyg.* führet: Jus divinum nihil aliud est, qvàm jus naturæ scriptum seu explicatum, das ist/ das Göttliche Recht ist nichtes anders als ein geschriebenes oder erklärtes Natur-Recht. Were dem also/ so hette unser Wiedersacher gewonnen Spiel/ wen er nur behauptet/ daß nach dem Natur-Recht das nehmen vieler Weiber zuläßig/ zum wenigsten in so weit/ daß es auch zuläßig (ob gleich nicht alsofort nohtwendig) nach dem Göttlichen Recht. Da ist aber dieses so falsch/ das auch das allererste Verbot in Gottes Wort (nemlich das Verbot vom Baum der Erkäntnuß gutes und böses zu essen) ein solches/ davon das Natur-Recht nichtes weiß/ weil es ein merè positivum qvid, das ist/ von solcher

cher Art/ daß der bloße Wille des Gesetzgebers alhie vor die Richtschnur dessen/ was verboten worden/ zu halten. Mit einem Worte davon zu reden: Es gibt ausser den legibus Naturæ, eben so wol als in den Weltlichen Rechten/ allerhand leges positivas in den Göttlichen Rechten/und fehlets daran nicht im N. Test. Die Gesetze (Gebote) von der Tauffe und vom Nachtmahl sind ohnleugbahr leges positivæ, von denen die Natur ohne absonderlicher Offenbahrung des Göttlichen Willens nichtes weiß/ das sie in acht zunehmen. Wir halten uns hiemit/ als mit einer gantz klaren Sache nicht auff.

3. Ein anders ist nach dem Natur-Recht geboten/ ein anders nach demselben unverboten (zugelassen/) und ihm entweder gar nicht/ oder bey gewissen Umständen nicht zu wieder seyn.

Suchet die Erklärung beim *Mevio in Prodr. Jurisprud. Gent. comm. inspect. II. §. VI.*

4. Im *Decalogo* oder in den 10. Geboten stehet mehr als das/ was man nach dem eigentlichen Natur-Recht zu thun oder zu lassen schuldig ist.

Folget also keines weges: dieses oder jenes ist in gewisser maasse nicht wieder das eigentliche Natur-Recht: darum ist es auch nicht wieder den Decalogum oder die 10. Gebote.

A v

Daß

Daß im Decalogo oder in den 10. Geboten mehr stehe/ als daß/ was man nach dem eigentlichen Natur-Recht zu thun oder zu laſſen ſchuldig iſt/ erhellet unter andern aus dem Gebot von der Feyer des ſiebenden Tages. Keiner wird ſagen/ daß es einem zu friedlicher Verbindung mit andern (allhie mit dem der mehr iſt/ als wir/ das iſt mit Gott) nach dem Naturlicht kurtzum nohtwendig den ſiebenden Tag einer jeglichen Wochen feyerlich zu begehen. Welcher Heyde hat das jemahls aus dem Naturlicht gewuſt? ohne iſt es nicht. Die Heyden haben von der unter den Juden gebräuchlichen Feyer des ſiebenden Tages in der Wochen Kundſchaft gehabt. Es ſpricht unter andern *l. V. Stromat.* der in der Heyden Schrifften wolbeleſene *Clemens Alexandrinus*: Τὴν ἑβδόμην ἱερὰν ἐ μόνοι οἱ Ἑβραῖοι, ἀλλὰ ᾳ οἱ Ἕλληνες ἴσασι, das iſt/ Daß der ſiebende Tag ein heiliger Tag/ wiſſen nicht nur die Hebreer/ ſondern auch die Griechen. Allein da folgets deßwegen nicht/ das die Grichen dieſes aus dem Natur-Licht gewuſt. Sie habens wiſſen können theils aus denen in die Griechiſche Sprache auch ſchon vor der 72. Dolmetſcher Dolmetſchung verſetzten Büchern Moſis/ theils aus einem an ihre Oerter gekommenen Gerücht von der unter den Juden üblichen Feyer des ſiebenden Tages. Darum es uns denn auch unſers Ortes

endlich

endlich gleiche viel sein kan/ ob man lehre/ daß andere Völcker als die Juden vormahls in der Heydenschafft den siebenden Tag gefeyret oder nicht/ welches ihrer etliche bejahen/ etliche aber verneinen/ davon unter andern *Joh. Seldenus* (der es verneinet) im III. Buch seines *tract. de Jure Nat. & Gent. juxta discipl. Ebraor.* vom *9.* biß zum *20. cap.* kan gelesen werden. Denn gesetzet/ daß (wie etliche wollen) auch die Heiden den siebenden Tag der Wochen vormals gefeyret haben/ so ist es darum nicht alsofort nöhtig zu sagen/ sie haben nach Anweisung des Natur-Rechts vermittelst des Naturlichts diesen Tag gefeyret. Merckliche Worte sind es unterdessen die beym *Theodoreto* gelesen werden in seinem *comment.* über den Propheten Ezechiel in der *7. sect.* (*edit. Colon. Lat. a.* 1567. *T. I. p. 569.*) Wir setzen selbige billig anhero: Illud: non mœchaberis, non occides, non furaberis, & alia cum his conjuncta alios qvoq; homines *naturæ lex* edocuit. *At Sabbati observandi non naturæ magistra, sed latio legis.* In aliis igitur cum aliis communione juncti, in observatione sabbati propriam qvandam videbantur obtinere Rempublicam (sc. Judæi:) *nulla enim alia gens hoc otium observabat:* neq; circumcisio ita ipsos
ab a-

ab aliis distingvebat, ut sabbatum, qvippe circumcitionem Idumæi qvoq; habebant &c. und hernacher: Sabbati observationem sola Judæorum ratio custodiebat. Das ist/ dieses: Du solt nicht Ehebrechen/ nicht Tödten/ nicht Stehlen/ &c. Hat das Naturgesetz auch andere gelehret. Allein die Feyer des Sabbats lehret nicht die Natur/ sondern das Gesetz. In andern Stücke haben die Juden gemeinschafft mit andern: die Feyer des Sabbats anlangend scheinen sie etwas eigenes gehabt zu haben: Denn kein ander Volck nam dise Feyer in acht: Die Beschneidung machete nicht einmahl einen solchen Unterscheid zwischen ihnen und andern/ als der Sabbat/ denn die Beschneidung war auch bey den Idumeern im brauch &c. Des Sabbats-Feyer nam allein das Judische Volck in acht. Chrysostomus ist in eben derselben Meinung/ daß nemlich das Gesetz vom Sabbat kein Naturgesetz. Man kan nachlesen/ was er in seiner 12. Rede *ad Popul. Antiochen. Oper. T. V. edit. Ven. Lat. fol. 214 col. c.* hievon geschrieben. Wenn der von der Christlichen Religion abgefallene Julianus seine Gedancken von den 10. Geboten Mosis eröffnen soll/ so eröffnet er selbige/ nach Cyrilli Alexandrini

Anzeige

Anzeige in dem 5. Buch *T. VI. Opp. edit. Paris. A.1638. p. 134.* also: πῶϊοι ἴϑι Θ- ἰσὶ πρὸς Ἰωϑε-
ῶν ἔξω ὅ μὴ προσκυνήσεις ἰαῖς ἐλέσεις χ̣ τῦ
μνηϑῆτε τῶν σαββάτων, ὁ μὴ τὰς ἄλλας ὅιςτυ
χρυναι φυλάτιειν ἐντολὰς; Das ist/ Es wird wahr-
lich kein Volck seyn/ daß da solte Bedencken
tragen alle Gebote (so in den 10. Geboten Mosis stehen) zu halten/ wenn man nur das Gebot vom anbeten frembder Götter und von
der Feyer des Sabbaths außschleust.
Hieraus lässet sich schliessen/ daß Julianus/ der
damals ein Heyde war/die Sabbats-Feyer vor eine dem Naturlicht der Heyden unbekandte Feyer
gehalten. Alles dieses gehet dahin/ daß mein
Satz erlautert werde/ darin ich gesagt/ daß in Decalogo oder in den 10. Geboten mehr stehe/ als
daß/ was man nach dem eigentlichen Natur-
Recht zu thun oder zu lassen schuldig ist. Und
dienet zur Behauptung dessen/ nicht nur das Gebot von der Feyer des Sabbaths/ sondern auch
das Verbot von der Lust/ von welchem Paulus
mit dürren Worten im 7 v. des 7. c. an die Römer
schreibet/ daß er nicht gewust (verstehe aus dem
Natur-Recht) daß die Lust Sünde were/ wenn
nicht das Gesetz (so durch Mosen gegeben) gesaget hette: Laß dich nicht gelüsten. Aber hievon
sonsten ein mehres.

**5. Wen GOtt einigen wieder den *De-
calo-***

calogum oder die 10. Gebote Mosis aus gewissen Ursachen ein *Privilegium* gegeben/ hat ers ihnen darumb nicht alsofort wieder das eigentliche Natur-Recht gegeben.

Dieser Satz folget aus dem vorhergehenden: und dienet des Theoph. Aleth. §. L. (conf. das Ende des LVIII. §.) umzustoßen. Bekenne sonsten/ das des eigentlichen Natur-Rechts affection nie Immutabilitas oder die Unverenderligkeit sey/ davon unter andern *Mev. cit. prodr. Juris-pr. Gent. comm. Insp. II. à §. XXXVII.* und daß also bey selbigem kein Privilegium vermittelst einer Dispensation statt habe.

6. Es scheinet gläublich/ daß GOtt gewissen Persohnen im A. Test. ein *Privilegium* wieder das allgemeine Gesetz vom nehmen vieler Weiber gegeben.

Einige unter den Altvätern (denen hierin auch heutiges Tages solche beypflichten/ die da zugeben/ daß jetzo zur Zeit N. Test. das nehmen vieler Weiber verboten sey/ worunter auch der offtgedachte *Mevius l. c. Insp. I. §. XVI. pag. 32.*) gehen gar dahin/ daß vorzeiten das nehmen vieler Weiber durch kein Gesetz verboten gewesen. Allein diesem soll hernachmahls das Gegentheil gewiesen werden. Weil aber dennoch auch die

aller-

allerheiligste Männer/ denen die das nehmen vieler Weiber verbietende Gesetze (davon hernachmahls) nicht unbekandt sein können/ einer nach dem andern mehr den ein Weib genommen/ und zwar so/ daß sie selbige/ ohne Anzeigung einiger darüber entstandenen Reue/ beständig bey sich behalten/ auch nirgendswo gelesen wird/ daß sie deßwegen (da es ihnen doch an sonderbahren Göttlichen Offenbahrungen nicht gefehlet) von GOtt oder dessen Dienern solten zur Rede gestellet/ oder gestraffet seyn/ ja/ weil David/ ein Mann nach dem Hertzen und Willen GOttes/ der alsofort der andere unter den Israelitischen Königen gewesen/ und der das dem Israelitischen Könige Devt. XVII. 17. gegebene Gesetz (er soll nicht viel Weiber nehmen) ausser allem Zweiffel auffs beste gewust/ selbst mehr den ein Weib genommen. Welches auch an ihm wie der Handel mit dem Uria. Sehet 1. Reg. XV. 5. und thut hinzu *Nicol. de Lira*, *Menoch.* und andere über diesen Ort/) da gute Gelegenheit darzu/ nicht getadelt befunden wird: als kan man fast nicht anders urtheilen/ es sey gewissen Persohnen im A. Test. ein Privilegium wieder das allgemeine Gesetz vom nehmen vieler Weiber gegeben. Um welcher Ursachen willen aber/ auff was weise/ und welchen eigentlich dieses Privilegium gegeben/ das lassen wir an seinem Ort gestellet seyn/ weil wir davon keine absonderliche Nachricht in Gottes Wort finden.

Habe

Habe hievon vor diesem zwar eine andere Meinung gehabt: Allein jetzo ist es diese. Schäme mich in diesem Stück der retractirung nicht. Hat doch in gar vielen Stücken auch der grosse Augustinus retractirt. Und ist hiebey keines weges aus der acht zu lassen/ was beym *Flavio Josepho* in der Historie Abrahams/ Davids und Rehabeams stehet. In der Historie Abrahams meldet selbiger *l. 1. Antiqvit. c. XI. p. 19.* (edit. Aurel. Allobr. a. 1611.) daß Sara die Hagar in ihr Ehebette gebracht Θεοῦ κελεύσαντ[os]., auff Gottes Befehl. Von Davids Weibern lesen wir/ daß er sie δικαίως κ̀ νομίμ[ως] mit recht und nach dem Gesetz genommen/ *Antiqvit. l. VII. c. VII. p. 227.* (edit. cit.) Rehabeams Weiber anlangend/ finden sich davon bey ihm *lib. VIII. Antiqvit. c. III. p. 278.* diese Worte: ἔχε τὰς μὲν νόμῳ συνοικούσας αὐτῷ γυναῖκας ὀκτωκαίδεκα, er hat achtzehn nach dem Gesetz bey ihm wohnende Weiber gehabt. So haltens ja auch andere/ und zwar rechtgläubige vornehme Theologi in gewisser maasse mit mir. Leset unter andern nach *Lombardo sent. l. IV. Dist. XXXIII. Philipp. Melanth.* Christlichen Rahtschlag. und *Bed. ed. per Christ. Pezel. Neost. a. 1603. p. 44. &c. Dav. Rungium Disp. VII. Colleg. Catech. §. XXIIX. it. in Pralect. in Genes. p. 151. 466. de comment. in Exod. p. 773. Ægid.*

Ægid. Hunn. Qvæst. in Genes. T. III. opp. Lat. col. 1451. it. comment. in c. XIX. Matth. D. T. III. Opp. L. col. 431. Balth. Meisner. Philos. Sobr. P. I. p. 630. &c. ed. primæ: Jacob. Renecc. *in Armatura Theolog. T. IV. p. 364. Casp. Maurit. Exercit. Anti-Soc. p. 331. ed. secundæ* H. D. Aug. Varen. *in Gen. Dec. VII. Loc. II. conclus. 3.* H. D. Calov. *in Levit. c. XVIII. v. 18.* Der übrigen jetzo zu geschweigen. Daß es unterdessen nichtes neues/ daß GOtt wieder das allgemeine Moralgesetz auch in fällen/ so die Ehe betreffen/ dann und wann Privilegia gegeben/ lässet sich unter andern schliessen aus dem/ daß GOtt im anfang der Welt den Brüdern und Schwestern einander zu Ehlichen verstattet. Sehet unter andern *Selden. de Jure Nat. & Gent. juxta Disc. Ebr. lib. V. c. 8. it. Chemnit. in LL. P. III. edit. in fol. a. 1615. col. 226.* Nun laufft ja aber eine solche Verehlichung wieder die allgemeine Moralgesetze *Lev. XVIII.* Denn daß die daselbst stehende Gesetze Moralgesetze seyn/ ist unser Theologorum einhellige Meinung. H. *Chemnit. l. c. à fol. col. 222. Mentzer. in tract. de Conjug. à p. 39. ad p. 58. Gerhard. L. de Conjug. à §. 290. Job. Musæum in Thes. Theol. de Conjug.* Es sind dennoch gleichwol (weil diß meinen Principiis insonderheit gemäß) hiebey fleißig zu mercken die Werte

B   *Calovii,*

Calovii, so man in seinen *Annotat. anti-Grot. in Levit. c. XIIX. v. 24. edit. in 4to lit. F in fine* finden kan/ und also lauten: Non opus esse censemus (qvod sedulò notandum) ut ἀπτώμως hoc evincatur, gradus omnes illos prohibitos hoc cap. XVIII. *lege naturæ, qvæ mere naturalis omniumq́; mentibus natura impressa sit,* vetitos, dummodo id obtineatur, *lege divinâ, non speciali & Judæorum propriâ, sed communi & omnes homines adstringente, qvam nemo præter unum Deum relaxare aut dispensare possit,* interdictos. Das ist/ Wir halten nicht/ daß es nöhtig sey (welches wol in acht zunehmen) daß mans *præcisè* erhalte/ daß alle die im *XVIII* des 3. Buchs Mosis verbotene *grade*, nach dem Gesetz der Natur/ welches in aller Menschen Hertzen eingepflantzetes Natur-Gesetz ist/ verboten/ wenn nur das erhalten wird/ daß sie nicht nach einem specialen, die Juden allein angehenden/ sondern nach einem allgemeinen alle Menschen angehenden Göttlichen Gesetze/ welches niemand ohne GOtt *relaxiren*/ oder dawieder *dispensiren* kan/ verboten. Sehen daraus/ daß auch nach H. Calovii Urtheil das eigentliche genliche Naturgesetz etwas strictius, als daß allgemeine Moralgesetz/ (wohin auch mein 4. Principium gehet:) und daß wieder dieses eine Göttliche relaxation und dispensation statt habe. Ohne ist es nicht. Der gelehrte *Fridericus Spanhemius* gibt *P. III. Dub. Evang. dub. CXLV. §. III. p. 875.* zwar zu/ daß bey dem 6ten (unser der Lutheraner Rechnung nach/ dem 5ten) und 8ten (unser Rechnung nach/ den 7benden Gebot eine Göttliche Dispensation (und also ein Privilegium) statt habe/ aber nicht/ daß sie statt habe beim 7benden (unser Rechnung nach/ beim 6ten) Gebot. Allein es scheinet Spanhemius an gedachtem Ort nicht gar zu wol eingedenck gewesen zu seyn dessen/ was er *P. III. Dub. CXXII, §. VI.* geschrieben/ da er außdrücklich sagt/ legem illam (scil. de una uxore ducenda) non esse indispensabilem, daß das Gesetz (vom nehmen eines Weibes) nicht undispensirlich/ oder das bey diesem Gesetz eine Dispensation statt habe: dergleichen wir denn auch im vorhergehenden *CXX. Dub §. III.* von der Ehe-Scheidung bey ihm finden: daraus den folget/ daß auch Spanhemius die Möglichkeit der Göttlichen Dispensation beym 6ten Gebot (nach unser Rechnung) zugebe. Wie unterdessen Spanhemii zum wenigsten scheinbahre contradiction zu concilijren sey/ wird sein jetzo zu Leyden profitirender Hr. Sohn am besten wissen: uns gehet das endlich jetzo nicht an. Dem sey nun aber wie ihm sey/ worin also in also auff ein Zeitlang mit gewissen Persohnen Dispensiret/ das ist hernacher wiederum von Christo auffs neue durch ein allgemeines Gesetz Matth. XIX. (davon im folgenden) verboten/ welches Hr. D. *Varenius in Genes. Dec. VII. loc. II. conclus.* 2. jus Evangelicum positivum nennet: davon hernacher.

7. Es ist nicht nöhtig/ daß alles/ was von allen Menschen zu thun/ und zu lassen/ explicitè in dem Decalogo oder in den 10 Geboten stehe. Genug/ wens nur implicitè und virtualiter darin stehet: und muß die Erklärung aus andern Schrifftstellen geholet werden.

Was zum Beweiß dieses Satzes gehöret/ soll im folgenden angeführet werden: wiewol es hie auch fast keines Beweises braucht/ weil *Theoph. Aleth.* §. XXII. XXIII. XXIV. dieses scheinet zuzugeben/ ohne daß er uns/ wens an ein appliciren auff die Materiæ von der Polygynie gehet/ zu wieder:

8. Nach der Natürlichen Macht etwas thun/ ist nicht alsofort nach dem Natürlichen Recht etwas thun. In der Lateinischen Sprache kan mans mit Philosophischen Terminis verständlich also geben: A potentia Physica ad potentiam moralem non valet conseqventia.

Ist gerichtet wieder das/ was beym Theoph. Aleth. § LXXXVII. p. 156. pr. und anderswo stehet/ homines ad id esse vocatos, ad qvod à Deo vires acceperunt, daß die Menschen darzu beruffen/ worzu sie von GOtt Kräffte bekommen. Conf. §. II. Theoph. Aleth. Will meinen Satz mit einem Exempel erklären. Einer/ der von Natur mit einem starcken Leibe versehen/ kan Vermöge seiner natürlichen Kräffte/ einen von Natur schwachen überwältigen und ums Leben bringen: es ist aber darum nach dem Natur-Recht nicht alsofort recht/ daß ein solcher das thue/ wenn er nicht in einer Nothwehr begriffen/ oder auch von der Obrigkeit hierzu rechtmäßig befehliget.

9. **Vieler/ auch vernünfftiger/ Völcker durchgehende Gewohnheit machet nicht alsobald ein Völcker-Recht.**

Warum? Es nehmen auch vernünfftige Völcker mannigmahl eine offenbar böse Gewohnheit an. Zum Exempel: Unser Wiederpart hält die πλυαρδεία oder das nehmen vieler Männer/ wie auch recht/ selbst für böse/ und zwar für sehr böse. wie aber? hat man denn nicht Völcker/ auch vernünfftige Völcker/ gehabt/ bey denen die πλυαρδεία oder das nehmen vieler Männer eine durchgehende Gewonheit gewesen? Es sind zwar ihrer viele/ so diß verneinen/ auch solche/ die in allerhand

hand Geschichten belesen. Könte ihre Nahmen nennen: ich thue es aber aus Ursachen nicht. Theoph. Alethæus folget diesen. p. 154. seines Disc. Pol. stehen solche Worte: Polygamia muliebris nullis legibus & Moribus unqvam fuit concessa, sicut Polygamia virilis, das ist/ das nehmen vieler Männer ist niemals/ wie das nehmen vieler Weiber/ durch Gesetze oder Gewonheit zugelassen gewesen. Allein er fehlet. Es hette ihm ein anders wissend seyn können/ aus dem ein$t$igen *Samuel Pufendorf*, und zwar aus dessen 6. Buch *de Jure Nat. & Gent. cap. I. §.* 15. den er ja sonsten/ wie andere/ mit Verschweigung seines Nahmens/ um sich selbst den Nahmen eines Polyhistoris zu machen/ vielfältig außschreibet. Ich thue zu dem/ was Herr Pufendorf an gemeldten Orte observiret/ dieses hinzu. *Joh. Bohemus*, (aus dessen 3. Buch de moribus Gent. c. 7. etwas hieher gehörendes von den Lithauern der gedachte Pufendorf l. c. angezogen/) führet *l. 2. c. 5.* von den Medern diese Worte: Pulchrum fæminæ multos habere viros, pauciores qvinq; calamitatem arbitrari, das ist/ es stehet einem Weibe (bey den Medern) wol an/ wenn es viele Männer hat/ weniger als fünffe zu haben/ wird für ein Unglück gerechnet. Von den Babyloniern schreibet *Curtius lib. 5. c. 1.* Apud Babylonicos parentes maritiq; liberos *conjugesq;* cum hospitibus stupro

pro coire, modò pretium flagitii detur, patiuntur, das ist/ bey den Babyloniern gebens die Eltern und EheMänner/ wenn sie nur vor diß Bubenstück (so meinets Curtius) einen Lohn bekommen/ ihren Gästen zu/ mit ihren Kindern und Weibern sich zu vermischen. Mercklich ists/ was beym *Plutarcho* im Numa (daraus sonsten auch dergleichen von den Römern der offtgenante *Puf. l. c. p. 775. pr.* citirt) *Edit. Lat. Xyl. p. 71.* Von den Spartanern gelesen wird: Spartanus huic, qvi à se petiisset, usum propriæ uxoris ad suscipiendos liberos permittebat, manente eâ secum domi suæ, *ac conjugii jure pristinô nihil labefactatô*, das ist/ der Spartaner vergönnete dem/ ders begehrte/ sein EheWeib/ um Kinder von derselbe zu zeugen/ und blieb sie dessen ohngeachtet in seinem Hause/ auch ward das alte Eherecht hiedurch gantz nicht geschmälert.

Was Plato in diesem Fall geordnet/ läst sich unter andern sehen beym *Theodoreto de Græcar. affect. curat. lib. 9. p. 626. T. II. opp. ed. Lat. Col. a. 1567.* Wenn wir den Chrysostomum auffschlaen in seiner 7. Rede über den 2. Br. Pauli an die Corinth. *T. IV. opp. ed. Lat. Ven. fol. 273. col. a.* so stehet daselbst (welches Exempel zwar nicht von der Gattung ist/ davon die vorige/ aber doch auch nicht weniger als die vorige unsern Satz erkläret) von den

Numa-

Nomadibus also: *Nomades nullo cogente, suis matribus miscentur, idq; non unus aut alter, sed totanatio,* Das ist/ die *Nomades* vermischen sich/ ohne einiges Menschen Zwang/ mit ihren eigenen Muttern/ uñ da s thut nicht einer uñ der ander unter ihnen/ sondern das gantze Volck. Thut hinzu *Theodoret. in Levit. quæst. 24.* Man kan sonsten auch/ was hieher gehöret/ finden beym *Polyd. Vergil. lib. I. de rer. invent. cap. 4. Franc. Balduino de Legibus Constant. M. lib. II. p. 183. ed. Cluden. Calixto in Epit. Theol. Moral. p. 56. &c. Mevio prodr. Jurispr. Gent. comm. insp. III. §. VIII. Pufend. l. II. de J. N. & G. c. III. §. 8.* und anderswo.

Dieses sind die nöthigste principia, darauff unsere Meinung beruhet.

Andere/ die nicht nur nebst uns davor halten/ es sey das nehmen vieler Weiber nach dem allgemeinen Göttlichen Recht so gar nicht nothwendig/ daß es auch nach demselben nicht einmahl zuläßig/ sondern auch noch weiter lehren/ es sey das nehmen vieler Weiber gar dem Natur-Recht zuwieder/ und haben dannenhero auch die Patriarchen Alt. Test. darin gesündiget/ daß sie viele Weiber genommen/ welche da/ sage ich/ dieser Meinung/ die bedürffen noch anderer principiorum, dafern sie unserm Theophilo Alethæo gründlich begegnen wollen.

wollen. Sie müssen unter andern zum Grunde setzen folgende Sprüche:

1. Es ist auff die Gesetze zu sehen/ nicht aber auff die Exempel.

2. Dulden ist nicht alsofort billigen.

3. Das Ausbleiben der Göttlichen Straffen auff diese oder jene That machet nicht alsobald diese oder jene That zu einer allerdings gerechten That. Die Göttliche Liebeswege sind unbeschreiblich.

4. Es folget nicht: dieses oder jenes stehet in Gottes Wort nicht auffgezeichnet/daß es geschehen/ darumb ist es auch nicht geschehen.

Ist eine Regel/ deren sich Theophilus Alethæus selbst bedienet/ wenn er zum Exemp. beweisen will/ es thun die jenige unrecht/ welche da/ weil Ammianus, Zosinius, nnd Orosius, nicht vom Kayser Valentiniano erzehlen/ daß er zwey Weiber genommen/ und zugleich auch durch ein öffentliches Edict andern vergönnet/ zwey rechte Weiber zu haben/ alsobald leugnen/ daß ein solches geschehen sey: S. das Ende des XIII. §. in seinem Disc. Polit. Wenn er §. XXIX. gesagt/ infallibiliter scire non posse, Adamns an habuerit plures uxores, das ist/ daß man nicht ohnfehlbar wissen könne/ ob Adam nicht mehr als ein Weib gehabt/ thut er alsobald hinzu: Non seqvitur, qvia non

non scriptum, ideo non factum &c. **Es folget nicht; weil es nicht geschrieben/ so ist es nicht geschehen &c.** Hierunter kan des Theoph. Aleth. Wiederpart sublumiren: Es folget nicht/ weil es nicht geschrieben/ daß zum Exemp. die Patriarchen wegen der Sünde/ so sie im nehmen vieler Weiber begangen/ von GOtt dem HErren entweder Mund- oder würcklich gestraffet worden/ oder auch daß sie deßwegen Busse gethan/ darumb ist dieses nicht geschehen. Und da fällt denn hin ein gutes theil der Schlußreden des Theophili Alethæi, die er aus den Exempeln der Patriarchen gemachet: und hat er auff die Weise ohnbedächtlich seinen Wiedersachern das Schwerd/ damit er kan erleget werden/ selbst zu seinem eigenen Unglück in die Hände gegeben.

Es seyn unterdessen mit diesen vier letzteren principiis bewandt/ wie es wolle/ ich führe dieselbe zwar derer Meinung zum Behuff an/ welche auch der Patriarchen Polygynie oder nehmen vieler Weiber für Sünde halten: habe aber sonsten hievon meine Meinung zuvor im 6. principio entdecket. Hierauff kommen wir zu dem Beweißthümern unser Meinung:

Die III. Frage.

Mit welchen Beweißthümern sich unsere

unsere Lehre behaupten/ und wie sich selbige von Theophili Alethæi Einwürffen vindiciren lassen?

Antwort.

Wir lehren dreyerley:

I. Daß die *Polygynie* oder das nehmen vieler Weiber zwar in gewisser maasse nicht eben wieder das Natur-Recht/ aber darum doch keines weges nach demselben nothwendig sey.

Daß die Polygynie in gewisser maaß nicht eben wieder das Natur-Recht/ hetten wir zwar nicht nöthig zu beweisen umb des Tcoph. Alethæi Willen (denn der getrauet sich ja gar die Nothwendigkeit der Polygynie nach dem Natur-Recht zu verthädigen/) wir beweisen es aber um anderer Willen. Wie?

Was nicht durchgehends nach dem Natur-Licht hinderlich ist an friedlicher Verbindung/ das ist nicht eben wieder das Natur-Recht.

Nun ist das nehmen mehrer als eines Weibes nicht durchgehends nach dem Natur-Licht hinderlich an friedlicher Verbindung.

Darumb ist das nehmen mehrer als eines Weibes nicht eben wieder das Natur-Recht.

Der

Der erste Satz ist gegründet in unserm ersten Principio, so droben in der Antwort auff die 2. Frage zu finden. Den andern Satz recht zu verstehen/ müssen die Wörter: nicht durchgehends nach dem Natur-Licht/ wol gemercket werden. Denn dadurch gebe ich zu erkennen/ daß ich nicht simpliciter in Ansehung aller Männer und Weiber bejahe/ es sey das nehmen mehrer als eines Weibes nach dem Natur-Licht an friedlicher Verbindung nicht hinderlich. Bekenne/ daß es bey den meisten hieran nach dem Natur-Licht hinderlich. Warumb? das Natur-Licht gibt solche Regeln: Was man sich selbst will gethan haben/ das muß man einem andern auch thun: und/ was man sich selbst nicht will gethan haben/ daß muß man einem andern auch nicht thun/ wenn man zu friedlicher Verbindung mit einem andern Belieben trägt. Weil nun die Mannespersohnen gemeiniglich wollen/ daß ihre Weiber sie allein/ und nebst ihnen keine andere Ehelich lieben: so geziemet sichs auch: (dafern die friedliche Verbindung nicht soll verhindert werden) daß der Mann das Weib/ davon er allein die Liebe haben will/ auch wiederum allein und nebst ihr keine andere Ehelich liebe. Es zeugen unterdessen die Geschichte und die Erfahrung/ daß es dann und wann einige Weiber gegeben/ welche da/ so zu reden/ ihre Männer von denen nach dem Natur-Licht ihnen vorgeschriebenen und vorhin genandten Regeln absolviret/ in dem sie ihren Männern andere Weiber zu ihnen

zu neh-

zu nehmen verstattet/ und sich selbiges an friedlicher Verbindung mit ihren Männern nicht hinderlich seyn lassen. Wo nun solche Weiber verhanden/ da machet ihr Exempel bey den angeführten Natur-Regeln eine solche Exception: was man sich selbst will gethan haben/ daß muß man einem andern auch thun/ und/ was man sich selbst nicht will gethan haben/ daß muß man einem andern auch nicht thun/ wenn man zu friedlicher Verbindung mit einem andern Belieben trägt/ es sey denn Sache/ das der andere willig seinem Rechte renunciire/ und sich dieses willige renuciiren an friedlicher Verbindung nicht hindern lasse: Denn in solchem Fall gibt das Natur-Licht/ so die vorigen Regeln gegeben/ auch diese Regel: volenti non fit injuria, dem/ ders so haben will/ geschiehet kein Unrecht. Es ist aber hiebey auch bewust/ daß dergleichen comportement der Weiber/ wegen der ihnen gleichsam von Natur eingepflantzeten Zelotypie oder Eifersucht (so sich insonderheit eräugnet/ wenn der Mann gegen das eine Weib sich liebreicher anschicket/ als gegen das andere) überausrar/ und dürffte also auch wol gar selten das Natur-Recht in diesem Fall diesen oder jenen individuis zu statten kommen/ daß es ihnen nach demselben solte vergönnet seyn/ mehr als ein Weib zu nehmen. Und was denn so gar selten nach dem Natur-Recht zuläßig/ daß kan traun nach demselben nicht (wie Theophilus Aleth. haben will) nothwendig

wendig seyn/ weil ja die Zuläßigkeit/ noch viel weniger als die Nothwendigkeit. Eines kan allhie vernehmlich einen Zweiffel erregen/ daß/ nach Anleitung dessen/ was jetzo gelehret/ zuzugeben/ es habe zum wenigsten einige unter den Alt-Vätern wieder das Recht der Natur mehr denn ein Weib genommen/ weil ja (wie aus GOttes Wort bekandt) unter deren Weibern dann und wann ein Unfriede gewesen. Allein da habe man zur Antwort/ daß es zu erweisen/ es haben diese Weiber vom Anfang ihrere Ehe continuirlich im Unfrieden gelebet. Kan doch auch wol ein Unfriede zwischen einem Mann und seinem eintzigen Weibe in wehrender Ehe entstehen/ und wird doch niemand darumb alsofort sagen/ daß ihre Ehe wieder das Recht der Natur vorgenommen sey. Es sind aber auch allhie keines weges vorbeyzugehen die GOtt am besten bekandte special Ursachen/ so er zur dispensation mit den Patriarchen in diesem Stück zweiffels ohne gehabt: welche denn ihre etwanige Zwistigkeiten in der Ehe bedecken. Dencket weiter nach. Muß nur/ damit ich nicht davor angesehen werde/ ob lehrete ich allein/ es sey das nehmen vieler Weiber nicht eben simpliciter wieder das Natur-Recht/ einen und den andern nennen/ der diß mit mir (obgleich aus einem andern fundament) lehret. Ein solcher ist *Theodoretus* qvæst. 66. in Genes. welcher außdrücklich schreibet: naturam non prohibere plures uxores ducere,

daß

daß die Natur es nicht verbiete/ viele Weiber zunehmen; Ein solcher ist. *Augustinus*, deßen Worte im *XVII. cap.* des B. *de Bono conjugali T. VI. opp. edit. Baf. a. 1542. col. 802. f. &c.* Diese: Non, sicut uni viro etiam plures habere licebat uxores, ita uni fœminæ plures viros, nec prolis ipsius causâ, si fortè illa parere posset, ille generare non posset occultâ enim lege naturæ amant singularitatem qvæ principantur. Subjecta verò non solùm singula singulis; *sed si ratio naturalis vel socialis admittit, etiam plura uni non sine decore subduntur.* Neqve enim sic habet unùs servus plures dominos qvomodo plures servi unum Dominum. Ita duobus seu pluribus maritis vivis nullam legimus servis se sanctarum, *plures* autem *fœminas uni viro legimus conjunctas, cum gentis illius societas sinebat,* & temporis ratio suadebat. *Neque enim contra naturam nuptiarum est.* Plures enim fœminæ ab uno viro fœtari possunt, una verò â pluribus non potest. Das ist/ ob es gleich vormahls vergönnet war/ daß ein Mann viele Weiber hette/ so war es doch nicht vergönnet/ daß ein Weib viele Männer hette/ auch nicht einmahl

umb

umb des Kinderzeugens willen/ wenn etwan das Weib zum Gebehren tüchtig/ der Mann aber zum Zeugen untüchtig. Denn was herrschen soll/ das liebet nach einem verborgenen Natur-Recht die Eintzelkeit. Was aber Unterthan ist darf nicht ebē eintzeln seyn/weil ja auch nicht ohne Zierde ihrer viele einem eintzigen können unterworffen werden/ wenn es also die Natur oder societät leidet. Denn da hat ja nicht so ein Knecht viele Herren/ wie viele Knechte einen Herren. So lesen wir auch nicht/ daß einige unter den heiligen Weibern solte 2. oder mehren lebendigen Männern gedienet haben/wir lesen aber wol/das viele Weiber einen eintzigen Mann gehabt/ da es also des Volckes Societät litte/ und die Zeit es riethe. Denn es ist diß nicht wieder die Natur des Ehestandes. Warumb? Viele Weiber können ja von einem eintzigen Mann geschwängert werden: ein eintziges Weib aber nicht von vielen Männern: Augustini fernere Lehre von dieser Sache lässet sich antreffen theils hin und wieder in dem jetzo angezogenen Buch *de bono Conjugali*, theils *l. 9. de Genesi ad liter. cap. VII.* (T. III. opp. ed. cit. col. 629. *Quæst. super Levit. lib. 3.* (col.

POLYGYNIA.

3. (col. 222. T. IV.) *De sermone Domini in monte lib. I.* (col. 1122, cit- T. IV.) *l. XVI. de Civit. Dei cap. XXV.* (T. V. opp.) *l. XXII. contra Faustum Manich. cap. XLVII.* (T. VI. opp. col. 415.) *de Nuptiis & concupisc. lib. I. c. IX.* (T. VII. opp. col. 815. fol. &c.) Will man eines neueren Kirchen-Vaters Meinung haben/ so lese man *Balthasarem Meisnerum* Philos. Sobr. p. I. f. ct. II. cap. V. qv. I. allwo er behauptet/ πολυγαμίαν intrinsecè & per se peccatum non esse, daß das nehmen vieler Weiber innerlich und an sich keine Sünde/ sondern nur äusserlich/ so ferne es von GOtt verboten in seinem Wort. *Pufendorfii* Gedancken von dieser Materie sind den Gelehrten aus seinen ohnlängst herausgegeben Schrifften nicht unbekant. Erkläre mich unterdessen vor keinen unter diesen allen / ohne so weit sie meinen principiis gemäß etwas statuiren. Vom Natur-Recht ist hie nur die Rede (daß soll der Leser stets vor Augen haben) nicht aber von derer Recht/ die GOttes Wort zur Richtschnur ihres Thun und Lassens annehmen.

Wir lehren.

II. Daß das Völcker-Recht nicht vermöge einen Richter in dem Streit vom nehmen vieler Weiber abzugeben. Warumb? Die Ursache stehet in unserm 9. Principio. Sehet sie daselbst.

C   Wir

Wir lehren

III. Es sey so gar das nehmen vieler Weiber vermöge des Göttlichen Rechtens nicht nothwendig/ daß es auch vermöge desselben im N. Test. nicht einmahl zuläßig/ ob es gleich bey gewissen Persohnen im A. Test. vermöge eines privilegii mag zuläßig gewesen seyn.

Haben allhie Zweyerley zu beweisen:

I. Daß/ das nehmen vieler Weiber/ da wir zugeben/ es sey gewissen Persohnen im A. T. vermöge eines Privilegii zuläßig gewesen (wo von droben in meinem 6. principio,) dennoch nach den ordentlichen Recht auch zur Zeit A. T. nicht zuläßig gewesen sey.

II. Daß das nehmen vieler Weiber zur Zeit N. Test. gar nicht zuläßig.

1. Vom A. Test.

Könte manchem eine überflüßige Arbeit zu seyn scheinen/ daß ich aus dem A. T. in diesem Stück etwas zu beweisen mir angelegen seyn lasse: weil es ja rechten Christen gnung seyn kan/ wenn sie nur wissen/ daß nach dem N. T. das nehmen vieler Weiber unzuläßig. Allein da ist dieses keine überflüßige Arbeit. warumb? Theophilus Alethæus schreibet §. LXXXI. seines Disc. Polit. de Polyg. und das mit Grunde der Warheit (wie unsere
Theologi

POLYGYNIA.

Theologi. durchgehends wieder die Socinianer auch thun/welches den einem und dem andern JCto, so sich hierin verstossen/zur Nachricht dienet) daß im N. T. durch Christum keine neue Gesetze (verstehe Moral- oder Sittengesetze) gegeben seyn/ Könte man nun nicht beweisen/daß im A. T. ein Gesetz wieder das nehmen vieler Weiber gegeben were so müste man auch nohtwendig gestehen (die Folgerey gebe ich Theoph. Aleth. gerne zu) daß auch zur Zeit N. T. kein Gesetz wieder das nehmen vieler Weiber gegeben. Ist dannenhero wol der Mühe wehrt (um Theoph. Alethæo das Maul zu stopffen/ ob suchten wir/da gar kein Gesetz wieder das nehmen vieler Weiber im A. Test. verhanden/ vergeblich wieder dasselbe ein Gesetz im N. T.)daß wir auch aus dem A.T. beydes wieder ihn/ und andere (Kirchenväter und JCtos) erweisen/es sey das nehmen vieler Weiber nach dem ordentlichen Recht auch zur Zeit A. T. nicht zuläßig gewesen.

Womit?

1. Mit den Worten der Göttlichen Einsetzung des Ehestandes/ so im II. Des 1. Buch Mos. v. 24. stehen/ und also lauten:

יַעֲזָב־אִישׁ אֶת־אָבִיו וְאֶת־אִמּוֹ וְדָבַק בְּאִשְׁתּוֹ וְהָיוּ לְבָשָׂר אֶחָד׃

das ist: Ein Mann soll seinen Vater und seine Mutter ver-

verlaſſen/ und an ſeinem Weibe hangen/ und
(dieſe zweene) ſollen ſeyn ein Fleiſch. Wenn
ich belieben hette/ was allerhand Autores über dieſe
Worte geſchrieben/ anzuführen/ könte ich damit
viele Bogen füllen. Aber da halte ich dieſes vor
unnöthig. Man hat unterdeſſen vor allen Dingen allhie zum Grunde zu ſetzen/ daß es falſch/ was
Theoph. Aleth. am Ende des XXVIII. §. ſchreibet:
es gehören dieſe Worte (da die Einſetzung des
Eheſtandes eigentlich in den Worten: Seyd
Fruchtbar und mehret euch/ davon hernacher be-
griffen) **zur Erzehlung der erſten Ehe des A-
dams.** Warumb iſt diß falſch? ich urgiere nur
dieſes: Gehören dieſe Worte zur Erzehlung der
erſten Ehe des Adams/ ſo muß folgen/ es habe Adam
obgelegen/ Vater und Mutter zu verlaſſen/ da er
doch ἀπάτωρ und ἀμήτωρ Vater- und Mutterloß
geweſen/ und alſo Vater und Mutter ohnmöglich verlaſſen können. Wolte man GOtt ſeinen Vater und die Erde ſeine Mutter nennen/ ſo kan man
gleich wol doch nicht ſagen/ daß ihm obgelegen
GOtt ſeinen Vater/ und die Erde ſeine Mutter zu
verlaſſen: ob man gleich in gewiſſer Maaſſe ſagen
möchte/ das er de facto GOtt ſeinen Vater ver-
laſſen/ da er Gottes Gebot durch Eſſen von der verbotenen Frucht übertreten (dabey er denn auch
mehr der Eva/ ſeinem Weibe/ als GOtt/ ſeinem
Vater/ angehangen/ und daß er auch die Erde/ ſeine Mut-

ne Mutter (daraus er im Paradießgarten erschaffen) zur Straffe auff das Ubetreten des Göttlichen Gebotes verlassen müssen. Bleibet/ also dabey/ daß in diesen Worten/ eine allgemeine/ nicht aber eine sonderbahre Einsetzung des Ehestandes/ nach welcher sich die Menschen ins gemein ordinarie zu reguliren haben: darumb denn auch Jesus Christus selbst/ da ihm eine EheFrage vorgetragen worden/ sich hierauff beym Evangelisten Matth. im XIX. bezogen hat. Es kan hievon gelesen werden *Wolfg. Musculus* in seinen *Locis Commun. S. Theol.* p. 83. edit. Basil. a. 1567. wiewol selbiger das jenige nicht urgiret/ was ich vorhin urgiret habe. Wir machen hierauff aus den zuvor angezogenen Worten nach der Erklärung Jesu Christi beim Evangel. Matthæo im XIX. cap. solchen Schluß:

Was da mehre als ihrer zweene zu einem von Menschen unzertrenlichen Fleische machet/ das läufft wieder die Göttliche Einsetzung des Ehestandes.

Das nehmen eines andern Weibes zu dem Weibe/ das man hat/ machet mehr als ihrer zweene zu einem von Menschen unzertrennlichen Fleische.

Darumb laufft das nehmen eines andern Weibes zu dem Weibe/ daß man hat wieder die Göttliche Einsetzung des Ehestandes.

Der erste Satz ist gegründet in denen vorhin

C iij

hin aus/Mose angeführten/ und von Christo beim Matthæo im XIX. erläuterten Worten. Es wird aber allhie eingewandt: (1) Daß im 2. des 1. Buchs Mosis die Wörter: diese zweene/ was den Hebr. GrundText betrifft/ nicht gefunden werden. Antwort. Were fast nicht einmahl nöthig hiewieder etwas zu sagen/ wenn nicht auch die neueste Scribenten von dieser Materie annoch in den Gedancken stünden/ daß diß ein recht sonderlicher Einwurff. Aber wie? werden diese Wörter an gedachten Orte nicht gefunden materialiter & explicitè, so werden sie doch daselbst gefunden formaliter & implicitè. Das Hebr. Wort: וְהָיוּ sie sollen seyn/ gehet auff das/ was vorhin in singulari numero oder in der entzelen Zahl genant/ nemlich auff die Wörter: אִישׁ Mann und אִשְׁתּוֹ seine Frau.

Seine Frau ist ja nicht so viel als seine Frauen. Theoph. Alethæus meinet zwar §. XXVII. seines Disc. Pol. er habe hie eine gute Außflucht/ wenn er saget: die einzele Zahl sey gesetzet für die Zahl der Vielheit. Allein kan ihm nicht regeriret werden/ daß diß eine petitio principii, oder daß er das vor bekant allhie annehme/ was noch nicht bekandt? was vor eine Folgerey ist es: der singularis wird zuweilen für den pluralem in GOttes Wort gesetzet/ darumb wird er auch allhie davor gesetzet? gewisser gehet man trauen zum wenig-
sten/

sten/ wenn man die Einsetzungs Worte ohne tropo in Singulari verstehet/ als wenn man sie in plurali verstehet mit einem tropo. Schliessen doch auch sonsten die Hebreer daraus/ das im 3. B. Mosis cap. 21. v. 13. vom hohen Priester gelesen wird in singulari (in der einzelen Zahl:) יִקָּ֥ח אִשָּׁ֖ה: sumat *uxorem*, er soll zum Weibe nehmen/ daß der Hohepriester nur ein einziges Weib nehmen könne. Siehe/ was hievon aus dem Babylonischen Talmud und Maimonide vorgebracht in *Job. Seldeni Uxore Ebr. lib. I. c. 8. p. 55.* Doch es hat Theoph. Aleth. l. c. eine instantz. Er spricht: wie es nicht folget/ wenn GOtt in singulari saget: Du solt deinen Nähesten als dich selbst lieben/ daß man darumb nur einen einzigen Menschen lieben müsse/ also folge es auch nicht/ wenn hie stehet: der Mann soll seinem Weibe anhangen/ das er darumb nur einem einzigen Weibe anhangen müsse. Aber da soll Theoph. Alethæus wissen/ daß uns hin und wieder in GOttes Wort die Anzeige geschehen/ es sey für unsern Nähesten mehr als eine Persohn zu halten. Man schaue unter andern an *Augustin. de Doctr. Christ. lib. I. c. XXX. (T. III. opp. edit. Bas. a. 1541. col. 16. f. &c.)* wo stehets aber in Gottes Wort/ das ein Mann ordinariè mehr als eine Persohn zum Weibe haben solle? Und was bedarff es endlich hie viel streitens/ ob stecken die Wörter: diese zweene / implicitè in der

C iv   Einse=

Einsetzung des Ehestandes/ da Christus außdrücklich beym Matth. im XIX. das οἱ δύο (diese zweene) hinzugesetzet hat? Solte denn Christus selbst nicht gewust haben/ was der eigentliche Verstand dieser Wörter? So hat man auch ja einen solchen Zusatz in der Samaritanischen und Griechischen Ubersetzung der 5. Bücher Mosis. L. *Ludovic. de Dieu* in seinen *Animadversion.* über das XIX. *cap. Matth. p. 79.* Es wird (2) eingewandt/ und zwar von Theoph. Aleth. im anfange des XXVIII. §. das die Worte: Zweene sollen seyn ein Fleisch/ so zu verstehen/ daß zum wenigsten zweene eine Ehe machen. Will denn nun der gute Theophilus nicht sehen/ daß es physicè, der Natur nach/ schlechter Dinges ohnmöglich/ daß weniger als ihrer zweene eine Ehe machen? were denn nicht bey solchem Verstand dieser Worte diß Ehegesetz will nicht sagen ein lächerliches/ sondern zum wenigsten ein unnöthiges Gesetz? was nöthig zu gebieten/ daß zum wenigsten ihrer Zweene/ wenn man in die Ehe tretten will/ in die Ehe treten sollen/ da nicht weniger als zweene hinein tretten können? Ist dannenhero/ wann gesaget wird: Zweene sollen seyn ein Fleisch/ dieses die Meinung; Nur (nicht mehr als) Zweene sollen seyn ein Fleisch: wovon GOtt nöthig gehabt ein Gesetz zu geben/ weil es ja sonsten physicè, der Natur nach/ nicht ohnmöglich/ daß mehre als Zweene (ob gleich nicht zu einer Zeit) ein Fleisch werden. Das unterdessen Theoph. Alethæus ferner l. c. vorgibt/ die Zahle 2/3. &c. schliesse nicht alleziet in GOttes Wort eine grössere Zahl aus/ das ist wahr/ aber nur in solchen Exempeln/ da das: zum wenigsten/ kan hinzugesetzet werden.

Das kan nun ja nicht geschehen in der Rede davon der Streit/ wie schon gehört. Geschehen aber kan es bey den reden/ die Theophilus Alethæus allhie anführet. In Zweyer Zeugen Munde (das führet Theoph. Aleth. zu erst an) soll die Warheit bestehen. Die Worte gelten so viel: In Zweyer Zeugen Munde soll zum wenigsten die Warheit bestehen. Woher wissen wir das? Aus den Worten GOttes beim Mose in seines 5. B. 19. c. v. 15. Die also lauten: Es soll kein einzeler Zeuge wieder jemand aufftreten über irgend einer Missethat oder Sünde/ es sey welcherley Sünde es sey/ die man thun kan/ sondern in dem Munde Zweyer oder dreyer Zeugen soll die Sache bestehen. Theophilus Alethæus hette wol gethan/ wenn er diesen Spruch vollenkommen angezogen/ oder zum wenigsten die Worte: oder dreyer/ hinzugethan hette: aber da hat er dieselbe listiger weise außgelassen/ ja gar nicht einmahl angezeiget/ wo die Rede: In Zweyer Zeugen Munde soll die Warheit bestehen in der Schrifft anzutreffen. Ein gleiches Urtheil hat

man

man zu fällen/ von des Theoph. Alethæi anderem Exempel/ so er aus dem XVIII. Matthæi v. 20. genommen/ daß er also (abermahl mit Verschweigung der Schrifftstelle) vorbringet: **Wo Zween versamlet sind in meinem Nahmen/ da bin ich mitten unter ihnen.** Wie? stehet denn nicht allhie dabey: wo zween **oder drey** versamlet sind &c. Komen also diese Exempel gar nicht mit dem unsrigen überein/ darin nur von zweyen allein stehet: wiewol auch das letztere aus dem 18. Matth. nicht einmahl (welches denn auch zu attendiren) ein Gebot in sich begreiffet/ wie das/ davon allhie die Rede. Es wird (3) eingewandt/ und dieses unter andern von einem annoch lebenden vortrefflichen JCto in seinem Syntagm. Jur. Dem ein anderer in seiner Dissert. Polit. Jurid. de Polygamia folget/ jedoch ohne Benennung des vorigen/ daß man (ich drücke allhie den sensum aus) wenn gleich ein Mañ viele Weiber hat/ dennoch sagen könne/ es seyn ihrer Zweene ein Fleisch/ weil ein solcher mit einem jeglichen Weibe in einer sonderbahren Ehe lebe/ da denn in einer jeden sonderbahren Ehe ihrer zweene (verstehe zu verschiedenen Zeiten) denn das muß man nothwendig hiebey zugeben) ein Fleisch werden. Ich frage aber billig die jenige/ welche dieses Schreiben/ was sie hierauß schliessen wollen wieder die/ so da lehren/ daß vermöge der Worte der Einsetzung des Ehestandes **nur ihrer zweene ein Fleisch seyn**

POLYGYNIA.

seyn sollen? wollen sie, dieses daraus schliessen/ daß ein eintziger Mann physicè, der Natur nach/ könne ein Fleisch mit verschiedenen Weibern zu verschiedenen Zeiten werden/ so geben wir das gerne zu. Kan doch auff die weise auch ein Hurer ein Fleisch mit verschiedenen Huren werden. Wollen sie aber hieraus so viel schliessen/ daß ein eintziger Mann moraliter, nach dem Göttlichen Gesetz bey der Einsetzung des Ehestandes/ könne ein Fleisch mit verschiedenen Weibern zu verschiedenen Zeiten werden/ so daß es so wol für eine rechte Ehe/ nach der Göttlichen Einsetzung des Ehestandes/ zu halten/ wenn einer mit der über die erste bey der ersten Lebenszeit genommenen ein Fleisch wird/ als wen ers wird mit der ersten/ so verneine ich ihnen das letztere so lange/ biß sie mir beweisen/ daß der Einsetzungs Worte Meinung diese sey: Ihrer zweene sollen nur (oder/ nicht mehr als ihrer zweene sollen) zu einer Zeit ein Fleisch seyn. Denn diß müste bey gedachtem Wahn der offtangeführten Worte Meinung seyn/ Daß aber dieses nicht die Meinung der offtangeführten Worte seyn könne/ ist daher klar/ weil GOtt auff die weise ein unnöhtiges Gesetz (will mehr nicht sagen) würde gegeben haben/ angesehen mans ja ohne das wol weiß/ wie es ohnmüglich/ das mehre als ihrer zweene zu einer Zeit solten ein Fleisch seyn können. Das Gleichnuß/ welches der Autor Dissertat. Polit. de Polygamia §. 51. vorbringet/ von

Regie-

Regierung dreyer verschiedene Reiche/ des Römisch = Teutschen/ Ungerschen und Böhmischen durch einen einzigen Monarchen/ gehöret hieher gar nicht/ weil es eine andere Bewandnuß hat mit einer Physischen/ als mit einer Moral und Politischen Vereinigung: jene kan zu einer Zeit beym Ehestande nicht unter mehren als ihrer zweyen seyn/ diese aber kan unter sehr vielen zu einer Zeit seyn/ wie den auch ja die ältere Römische Kayser vormahls nicht nur drey Reiche/ sondern gar viele zugleich unter ihrer einzigen Bothmäßigkeit gehabt. Es könte auch (welchen Zweiffel ich denn nur vor mich selbst errege) (4) eingewandt werden/ daß die Worte: ein Fleisch/ nicht eben dieses bedeuten/ daß nur ihre zweene/ Mann und Weib/ sollen ein Fleisch durch ihre Eheliche Verbindung werden/ sondern vielmehr ein solches/ daß diese zweene sich sollen zusammen halten zu einem Fleische (besehet droben die Hebreische Wörter) oder um eines Fleisches willen/ nemlich der Ehelichen Frucht/ in welcher dieser zweene des Mannes und des Weibes Fleisch eins werde. So erkläret dieses *R. Salomo Jarchi*, und dem folget hierin sein offtermahliger Affe *Nicolaus de Lira ad h. l.* wiewol auch in dergleichen Wahn *Theodoret. in seinen Quæst. in Genes. quæst. 30.* (p. 12. ed. Lat. Col. 1567.) und *Chrysostomus* (von welchem letzteren kan nachgelesen werden/ was in *Conr. Ritterbusij sa-*

sij sacris lection. lib. III. cap. XIX. zu finden.)
Es hat aber schon vormahls der gelehrte *R. Aben Ezera ad h. l.* hievon geschrieben: והוא דרחק
daß dieses eine weidhergeholete erklärung sey. Zugeschwiegen/ was sich sonsten hierwieder einwenden liesse/ so wird ja von der Ehelichen Verbindung mannigmahl/ auch zu einer Zeit/ mehr als ein Fleisch: hie stehet aber nur von einem Fleisch. Und was werden diejenige hierzu sagen/ welche da statuiren/ daß nur das Weib Materiam zur Ehelichen Frucht contribuire? Allein hievon/ als von einer mein forum überschreitenden Sache mag ein Bartholinus und seines gleichen in der Anatomie gründlich erfahrner Mann urtheilen. Die heutige Lehre De ovis fæmininis dürffte denen/ die es mit oberzehlten Autoribus halten/ vielleicht nicht zu statten kommen. Es sey unterdessen dem/ wie ihm sey/ nehme man gleich die jetzogemeldte Erklärung an/ so were doch selbige uns unsers Ortes/ die wir die Polygynie verwerffen/ nicht zu wieder/ weil ja das Subjectum: Diese zweene/ auch bey dieser Erklärung bleibet. Wann denn nun nichtes/ das da solte Stich halten/ wieder die Einsetzungs-worte kan eingewandt werde/ so stehet unser erster Satz fäst: was da mehre als ihrer zweene zu einem von Menschen unzertrennlichen Fleische machet/ das läuft wieder die Göttliche Einsetzung des Ehestandes. Kürtzlich
die

die Worte: Diese zweene sollen seyn ein Fleisch/ müssen entweder so verstanden werden: Es sollen zum wenigsten ihre zweene ein Fleisch seyn: oder: Es sollen zu einer Zeit (auff einmahl) nur (nicht mehr als) ihrer zweene ein Fleisch seyn: oder: Es sollen sich ihrer zweene ehelich zusammen halten zu einem Fleisch (um eines Fleisches willen:) oder: Es sollen nur (nicht mehr als) ihrer zweene ein Fleisch seyn. Auff die drey erste weisen können sie nicht verstanden werden/ wie vorhin erwiesen: so müssen sie verstanden werden auf die letztere weise.

Unser anderer Satz hieß also:

Das nehmen eines andern Weibes zu dem Weibe/ das man hat/ machet mehr als ihrer zweene zu einem von Menschen unzertrennlichen Fleische.

Worum?

Was ihrer drey zu einem Fleische machet das machet mehr als ihrer zweene zu einer von Menschen unzertrennlichen Fleische.

Nun machet das nehmen eines ander Weibes zu dem Weibe das man hat ihrer dre

POLYGYNIA. 47

zu einem Fleische. Darum machet das nehmen eines andern Weibes zu dem Weibe/das man hat/ mehr als ihrer zweene zu einem von Menschen unzertrennlichen Fleische.

Der erste Satz ist aus den Terminis klar/ weil ja ihrer drey nicht zweene seyn. Will man wieder den andern Satz verschütten/ daß das nehmen eines andern Weibes zu dem Weibe/das man hat/ zwar zu verschiedenen Zeiten ihrer drey zu einem Fleisch mache/ aber nicht zu einer Zeit/ so habe er zur Antwort/ daß eben dieses des Ehestandes Einsetzungs-Worte wollen/ daß nicht ihr drey oder mehre zu verschiedenen Zeiten ein Fleisch seyn sollen/ weil ja die Einigkeit ihrer Dreyer oder mehrer an Fleisch zu einer Zeit ohnmüglich/ und dannenhero ein dieses Verbietendes Gesetz ohnnöthig/ wie schon zuvor erinnert worden. Will man *Theodori Bezæ* Meinung von diesem Worten erlernen/ so kan man sie finden in seinem Büchlein *de Polygamia wieder ochinum* (*Tractat. Theol. vol. 2. pag. 2. post med.*)

Wir kommen zum andern Beweiß der Unzuläßigkeit des nehmens vieler Weiber nach dem ordentlichen Recht zur Zeit A. Test. denn da beweisen wir dieselbe:

II. Mit dem was in des 3. Buchs Mos. 18. c. 18. v. stehet: אִשָּׁה אֶל־אֲחֹתָהּ לֹא תִקָּח לִצְרֹר לְגַלּוֹת עֶרְוָתָהּ עָלֶיהָ בְּחַיֶּיהָ das ist/ Du solt

solt zu dem einen Weibe kein ander nehmen/ sie/ wenn du nebst ihrer Scham einer andern Scham entblösest/ bey ihrem Leben zu ängstigen. Den ungelehrten dürffte diese Ubersetzung der jetzo angeführten Hebreischen Wörter verdächtig vorkommen/ weil es ja anders in der Teutschen Ubersetzung Lutheri lautet/ nemlich also: Du solt deines Weibes Schwester nicht nehmen neben ihr/ ihre Scham zu blössen/ ihr zu wieder/ weil sie noch lebet. Allein es haben verschiedene gelehrte zur Genüge erwiesen/ daß die Worte so/ wie gedacht/ zu geben. Ich setze zum Grunde/ daß so wol nach Lutheri als unser Ubersetzung allhie verboten zu einem Weibe ein anders bey des einen Lebenzeit zu nehmen. Der unterscheid aber ist da/ daß Lutherus unter dem bey des einen Lebenszeit zu nehmen verbotenen Weibe eine leibliche/ wir aber eine jegliche Schwester (eine jegliche Weibesperson) verstehen. Weil unterdessen die Ursache/ warum es zu der einen Schwester bey ihrer Lebenzeit eine andere zu nehmen verboten/ in den vorhabenden Worten diese/ daß die erstgenommene Schwester hiedurch kan geängstiget werden/ als mache ich meiner Ubersetzung zu Behuff folgenden Schluß:

Es können entweder keine Weibespersohnen/ so keine leibliche Schwestern sind/ einander/ da man mehr denn eine von ihnen ehelichet/

ehlichet/ ängstigen/ oder man muß zugeben/ daß allhie so woll solche Weibes-Persohnen/ die keine leibliche Schwestern/ als solche/ die da leibliche Schwestern sind/ zugleich zu ehelichen verboten.

Nun kan man das erste nicht sagen. Hat doch auch die Peninna Elkanæ Weib jene Hannam/ die ihr neben-Weib/ und doch nicht ihre Leibliche Schwester war/ geängstiget/ nach dem 1. Sam. c. I. 6. 7. Sehet *Gloss. ordin, ad h. l.* weil man derowegen das erste nicht sagen kan/ so muß man trauen das letztere zugeben. Schadet nicht/ das der gelehrte *Theodor. Hackspan.* allhie excipiret/ Das ängstigen sey grösser/ wenn es Leibliche Schwestern. Den magis & minùs non variant speciem. Wenig ängstigen ist auch ängstigen. Weiß gar wol/ was sonsten hiegegen pfleget vorgebracht zu werden: Ich weiß aber auch wol/ was andere hierauff geantwortet haben. Es sind mit mir hierin einig (obgleich nebst vielen neuen Kirchenlehrern auch der alte *Augustinus* selbst *Qvæst. in Levit. sect. LXIII. col. 222. T. IV. opp. edit. Basil. A. 1541.* anderer Meinung) *Franc. Junius ad h. l. Piscat. qvæst. 172. in Levit. Menoch. ad h. l. Hasenreffer. in LL. Theol. p. 640. edit. qvarta: Joh. Tarnov. Exercit. Bibl. p. 573. Coccej. in Malach. p. 606. med. Spanhem. Dub. Evang.*

D   P. III.

P. III. Dub. CXXII. §. IX. Danhaw. Lact. Catech. P. III. p. 261. H. D. Varen. in Levit. p. 106. &c. (*add. idem in Genes. p. 465.*) *H. D. Calov. in Levit. lit. E. edit. in 4to.* und andere. Verstehe auch von Hr. *Christiano Noldio,* vornehmen Theol. Professore bey hiesiger Königl. Hohen Schule/ meinem sonderbahren Freunde/ daß er eben dahin inclinire: wie er denn auch hievon in seinen Anmerckungen über die jetzo dem Druck sich nahende Concordantz der in der Schrifft verhandenen Hebreischen und Chaldeischen Particuln handeln wird: darumb ich an diesem Ort ein mehres nicht vorbringe. Was Theophilus Aleth. hiewieder hat/ das muß ich dennoch gleichwol berühren. Dieser schreibet §. LXVIII. seines Disc. Polit. Daß hie nicht einmahl das nehmen zweyer leiblichen Schwestern schlechter dinge verboten/ sondern nur alsdann/ wenn die schon genommene Schwester in das nehmen der andern Schwester zu ihr nicht willigen wolte/ und wen die eine Schwester noch im leben. Wie diese zweyerley Bedinge aneinander hängen/ mach Theoph. Aleth. selbst wissen. Soll eine Schwester zu der andern nicht genommen werden/ wenn die erste noch im Leben/ wie kan den statt haben das nehmen einer zur andern auff einwilligung der erst genommenen? Oder verstehet etwan Theoph. Aleth. eine Einwilligung der einen Schwester zu einer Ehe ihrer andern Schwester mit ihrem Manne nach

ihrem

ihrem Tode? Um eine solche Einwilligung der Eheweiber hetten sich keine Ehemänner zu bekümmern/ wenn es nicht doch von GOtt verboten were/ des Weibes Schwester zu nehmen. Den nach dem Tode ihrer Eheweiber haben sie ihre Freyheit sich (dafern nur die in GOttes Wort verbotene grade in acht genommen werden) nach dem Göttlichen Recht zu verheyrahten/ an welche sie wollen. Haben doch diese macht (wie aus dem 7. an die Röm. v. 2. 1. ad Cor. VII. 39. erhellet) auch die Weiber nach ihrer Männer Tode. Doch vielleicht zielet Theoph. Alethæus dahin/daß man alsdann bey Lebenzeit der einen Schwester die andere Schwester nehmen könne/ wen die eine darin williget. Allein wo stehet dieses in den angezogenen Worten? Und trauen/ es haben unsere Theologi (ob gleich die Juden und einige andere dawieder/ wovon beim *Buxtorf. in Dissert. de Sponsal. & Divort. p. 28.* und *Gerhardo L. de Conjug. §. 347* zur genüge erwiesen/ daß es nicht einmal vergönnet seines Weibes leibliche Schwester nach dem Tode der ersten Schwester zu nehmen (Theoph. Alethæus lese nur den einzigen *Gerb. l. c.*) ich geschweige denn/ das es solte vergönnet seyn dieses bey Lebenzeit der ersten Schwester (ob gleich selbige darin willigen möchte) zu thun. Theoph. Aleth. meinet zwar/ es zwinge uns keine Noth allhie vom gewöhnlichen Verstande des Wortes: Schwester (nach welchem es eine leibliche

Schwe-

Schwester bedeutet) abzutreten: Da kan ihn aber ein anders lehren der vorhin gemachte Schluß/ wie auch das/ was sonsten in denen vorhin angezogenen Autoribus verhanden. Doch es werden ja Elkana/ Saul/ David/ Salomon/ Rehabeam und andere/ so schreibet ohngefehr Theoph. Aleth. ferner) diß Gesetz auch wol verstanden haben; haben sie es aber verstanden/ wie mein Wiederpart/ warumb haben sie denn continuirlich in der Polygynie gelebet? Die Antwort hierauff lässet sich nehmen auß meinem 6. principio von privilegirten Persohnen ist anders zu urtheilen/ als von unprivilegirten. Das Theoph. Aleth. vorwenden will/ es lauffe unsere Erklärung (daß hie verboten/ mehr denn ein Weib zu nehmen) wieder die Erklärung aller Altväter/ und sey sie ein neues Fündlein etlich weniger neuen Scribenten/ damit kan er nichtes außrichten/ so lange er nicht darthun kan/ das die Altväter keine Menschen gewesen/ bevorab da kaum einer oder ander unter denselben Wissenschafft von der Ebreischen Sprache gehabt: und sind deren auch nicht eben so gar wenig/ die hievon eine solche Meinung/ als ich/ haben: ja es haben auch unter den alten Juden selbst) wie hernacher wird zu sehen seyn) einige diese Erklärung beliebet. Dieses kan zum Beschluß nicht ohn erinnert lassen/ das Theoph. Aleth. an diesem Orth pag. 100. pr. ohngescheuet setzen darff/ wie auch das Concilium Triburiense zugebt/ daß man zwo Schwestern nehmen

nehmen könne/ da doch im Concilio Triburiensi gantz das Gegentheil stehet. Im 36. c. dieses Concil. lautets also: Diffinimus & judicamus de eo, qvi cum duabus sororibus fuerit pollutus, ut usq; in exitum vitæ pœnitens & continens permaneat &c. Wir ordnen und schliessen von dem/ der sich mit zwo Schwestern eingelassen/ daß er biß ans Ende des Lebens Busse thun/ und ausser der Ehe bleiben soll &c. S. Cent. Magd. IX. c. IX. col. 273. ed. Basil. a. 1624. Muß also Theoph. Aleth. entweder das Concilium Triburiense gar nicht gelesen/ oder selbiges wieder sein Gewissen angezogen haben. So ist ihm ja nicht nur das von ihm selbst angezogene Concilium Triburiense, sondern auch andere Concilia in diesem Stück zuwieder/ zum Exemp. Das Concil. Eliber. c. 61. cent. Magd. IV. c. IX. col. 398. Concil. Antisiodor. c. 30. cent. Magd. VII. c. IX. col. 139. Concil. Mogunt. c. 56. cent. Magd. IX. c. IX. col. 212. Und vielleicht noch mehre.

Und so ist denn nun aus dem A. T. erwiesen/ daß auch in demselben theils zu Adams/ theils zu Mosis Zeiten das nehmen vieler Weiber im Göttlichen Gesetz verboten gewesen. Es gibt einige/ die dergleichen auch aus dem Propheten Malachia c. II. 14. 15. erweisen wollen/ auff welche Theoph. Aleth. §. LXXX. seines Disc. Polit. zielet: solche (denn Theoph. Alethæus hat keine genant/ weil er dieses

nur

nur berühret) sind unter andern *Jun. Piscat. Joh. Tarnov. Coccejus* und andere, in ihren Anmerckungen über diesen Orth. Allein weil die Worte des Propheten Malachiæ allhie ziemlich dunckel/ will ich ich mich derselben nicht eben mit den jetzo genandten/ obgleich allerseits sonsten gelehrten Hebreern/ hierzu bedienen. Solte etwas gewisses und gründliches aus diesem Orth wieder die jenige/ so das nehmen vieler Weiber verthädigen/ geschlossen werden/ daucht mir (wo ich nicht sehr irre (muste im Hebr. Grund-Text v. 15. an stat des Wortes אמר das fœmininum אמה stehen: lasse die gelehrte der Sachen weiter nachsinnen: thut jetzo nicht nöthig ein mehres anhero zu setzen. Man findet sonsten/ wiewol nicht das/ was ich gesagt/ etwas hieher gehörendes von *D. Calov, in Malach. ad h. l.* aus dem Calvinisten Willio angezogen. Im übrigen ist dieses gewiß (welches denn auch Theoph. Aleth. l. c. haben will) daß allhie beim Propheten Malachia (ohnerachtet die gemeine Außlegung gantz anders lautet) ein Zeugnuß von GOttes Mißfallen an der unter den Juden üblichen Ehescheidung. Denn da muß/ vermöge der Hebreischen accentuation, weil der Munach (-) unter dem Wort שנא bis Wort שנא mit dem folgenden שלח verbindet/ der 15. vers. also auff Teutsch gegeben werden: Denn ich hasse das Scheiden/ spricht der GOtt Israel/ als dadurch der

jenige/

jenige/ welcher sich scheidet/ sein Kleid mit Frevel bedecket. Schauet an *Jun. Piscat. Tarnov. ad h. l.* wie auch *Boxtorf. de Sponsal. & Divort. p. 130.* insonderheit H. D. Varen. über diesen Orth. Ich wende mich hier auff vom A. zum N. T. umb zu behaupten/ daß es auch nach selbigem unzuläßig viele Weiber zu nehmen.

II. Vom N. Testament.

In selbigem erhellet die Unzuläßigkeit der Polygynie.

I. Aus dem Munde Christi/ dessen Worte in dem XIX. c. Matth. v. 9. also lauten: Λέγω ὑμῖν, ὅτι ὃς ἂν ἀπολύσῃ τὴν γυναῖκα αὐτοῦ, μὴ ἐπὶ πορνείᾳ, καὶ γαμήσῃ ἄλλην, μοιχᾶται, das ist/ nach Luth. Ubersetzung/ Ich sage euch: wer sich von seinem Weibe scheidet, (es sey denn umb der Hurerey willen) und freyet eine andere/ der bricht die Ehe. Was in diesem Spruch wieder die Polygynie oder das nehmen vieler Weiber vergraben lieget/ das hat wieder unsern Theoph. Alethæum gründlich in einer hievon vor zwey Jahren gehaltenen Disputation außgeführet Herr Johannes Musæus, hochbenembter Professor auff der Jenischen Academiæ. Weil aber selbiger dieses in Lateinischer Sprache gethan/ muß ich umb der Ungelehrten willen auch an diesem Orte hievon handeln. Der Schluß/ welcher aus denen itzt angezogenen/ und mit dem/ was beim Matthæo vorhergehet (welches

D iij denn

denn kan nachgeschlagen werden) zusammengehaltenen Worten zu machen/ ist dieser:

Wodurch einer/ Vermöge der Einsetzung des Ehestandes/ nach Christi Urtheil/ ein Ehebrecher wird/ das ist unzuläßig. Nun wird einer durch die Polygynie oder das nehmen vieler Weiber/ vermöge der Einsetzung des Ehestandes/ nach Christi Urtheil/ ein Ehebrecher.

Darum ist die Polygynie oder das nehmen vieler Weiber unzuläßig.

Den ersten Satz wird niemand leugnen.

Der andere ist in Christi Worten gegründet. Es heisset darin der/ welcher sich von seinem Weibe scheidet/ ohne rechte Ursache/ und eine andere nimpt/ ein Ehebrecher. Warumb dieses? Um keiner andern Ursachen willen (wie aus dem vorhergegangenen beziehen Christi auff des Ehestandes Einsetzung erhellet) als das nur ihrer zweere im Ehestand ein Fleisch seyn sollen. Nun werden aber ja ihrer drey ein Fleisch/ wenn man zu dem Weibe/ daß man hat/ ein ander nimpt/ und das schon gar/ wenn man sich gleich von dem ersten Weibe was die eheliche Beywohnung anlanget/ scheidet (weil man nemlich vermöge des von Menschen unaufflößlichen Ehebandes auch nach dem Scheiten annoch desselben ehelicher Mann ist) wie velmehr/ wenn man sich von den ersten Weibe/ was die eheliche

liche Beywohnung anlanget/ nicht scheidet (weil ja auff die Weise nicht!nur den Gemüthern/ sondern auch den Leibern nach/ wiewol dieses letztere zu verschiedenen Zeiten/ mehr als ihrer Zweene zu einem Fleische verbunden seyn.) Es muß allhie wiederholet werden/ was vorhin bey Erläuterung der Einsetzungs=Worte des Ehestandes gesagt. Wir können hierauff die obangeführte Rede Christi also nach ihrem rechten Zweck paraphrasiren: Ihr Juden (wil Christus sprechen) scheidet euch/ weiß nicht aus was vor liederlichen Ursachen/ von euren Weibern: unter andern ist es euch offters nur darumb zu thun/ daß ihr desto füglicher an der geschiedenen Stelle andere Weiber nehmen könnet. Wie? wisset ihr denn nicht die alßbald im Anfang der Welt gemachete Göttliche Ehestifftung? nach derselben sollen nur ihrer Zweene/ und das ohnaufflößlich/ ein Fleisch seyn! Sollen aber nur ihrer Zweene unaufflößlich ein Fleisch seyn/ was lauffet ihr denn so gar ohnbesonnen/ da ihr schon ein Weib habet/ dessen ihr nicht loß werden könnet (ohne wenn sie vor ihre Persöhn die Ehe brechen solte) nach andern Weibern. Ihr handelt/ da ihrs also machet/ wieder die Göttliche Einsetzung des Ehestandes/ und brechet also die Ehe: weil es ja vermöge der Göttlichen Einsetzung des Ehestandes nicht nur geboten/ daß man an seinem Weibe hangen (und also sich von demselben nicht scheiden) sondern auch/ daß man an nicht mehrem als an einem

D b

nem Weibe hangen solle: GOtt würde ja sonsten nicht gesaget haben: der Mann und sein Weib/ sondern vielmehr/ der Mann und seine Weiber sollen seyn ein Fleisch: Dieses also umb der Einfältigen willen: den Gelehrten gibt der wolerwehnte H. D. *Musæus* satisfaction. Was hat denn doch hiewieder Theophilus Alethæus? Er spricht §. LXXXIII. (1) Daß hie kein Wort stehe vom nehmen vieler Weiber/ weil nur vom Ehescheiden geredet werde. Die Antwort hierauff stecket in dem/ was itzo gesagt. (2) Daß die Worte: der bricht die Ehe/ hie so viel seyn/ als: der machet (verursachet) das sein von ihm geschiedenes Weib die Ehe breche/ weil ja im V. Matth. v. 32. als in einem loco parallelo stehe: Wer sich von seinem Weibe scheidet (es sey denn umb Ehebruch) der macht daß sie die Ehe bricht/ und wer eine abgescheidete freyet/ der bricht die Ehe. Aber wie? Vors erste/ sind das gantz und gar keine Parallel Oerter/ weil ja im XIX. Matthæi beides ein anders subjectum und ein anders prædicatum als im V. Matthæi, so/ daß/ wie dorten das subjectum der Rede: Wer sich von seinem Weibe scheidet/ und freyet eine andere/ und das prædicatum: der bricht die Ehe: also hie das subjectum: wer sich von seinem Weibe scheidet/ und das prædicatum: **der macht/ daß sie die Ehe bricht/**

bricht/ welches Herr D. Mulzus wolbedächtlich §. XXIX. seiner vorhin gedachten Disputat. angemercket: (und hetten dieses andere nebst ihm gethan/ so fünde man nicht so gar verworrene Erklärungen dieser Schrifftstellen in ihren ob gleich sonsten, gelehrten Schrifften/ wie unter andern in *Joh. Buxtorfii Diss. de Sponsal. & Divort. p. 122.* kan wahrgenommen werden:) darumb denn auch *Joh. Calvinus* in seiner Evangelischen Harmonie *p. 286.* diese Oerter nicht als parallel-Oerter zusammengefüget/ sondern vielmehr Matth. XIX. und Marci X. wiewol dennoch über das V. Matthæi *p. 94*, auch bey ihm ein Versehen/ wenn er daselbst das XVI. Lucæ, als Parallel, anzeucht.

Vors andere/ so ist es auch ungereimt/ daß Ehebrechen/ und/ machen/ das sein Weib die Ehe breche/ einerley seyn sollen. Das Griechische Wort μοιχᾶσϑ respondiret in der LXX. Griechischen Dolmetscher Dolmetschung (wie aus *Conradi Kircheri* Concordantz erhellet/ keinem andern als dem Hebr. Wort נאף. Nun hat das Hebreische Wort נאף weder in der Conjugation Kal noch in der Coniugation Piel (in welchen beiden Coniugationen es nur vorkompt im Hebreischen A. Test.) die Bedeutung der Coniugation Hiphil, daß es so viel heissen solte/ als ποιῶν μοιχᾶσϑ (wie es im 32. v. des V. c. Matthæi lautet) das ist/ machen/ das jemand die Ehe breche. Und dieses

ses ist eben die Ursache/ warum in dem von *Sebastiano Münstero* außgefertigten Hebreischen Evangelio Matthæi, da (*pag.* 280.) im XIX. cap das Wort יִנְאַף in Kal stehet im V. cap. (p 153.) außdrücklich (wiewol ohne gleichen Exempel aus dem A. Test.) das Wort יַנְאִיף in Hiphil gesetzet worden. So nimpt ja auch solchen Unterscheid genau in acht die alte Syrische Ubersetzung. Im V. Matth. lautet das Syrische, עבד לה דהגורי das ist/ er verursachets bey ihr/ daß sie die Ehe bricht. Im XIX. Matthæi aber heissets nur bloßer Dinge: גאר das ist/ er bricht die Ehe. Man kan auch hiebey conferiren des Griechischen *Maximi Metaphrasin Græco-barbaram* übers N. T. darin diß ebenfals attendiret. Die Außflucht anlangend/ so Theophilus Alethæus allhie hat/ ob könne wol von einem Mann/ der sich von seinem Weibe scheidet/ wenn er gleich/ eigentlich davon zu reden/ die Ehe nicht breche/ im uneigentlichen Verstande gesaget werden/ daß er die Ehe breche/ weil er ja eine causa moralis des Ehebruches/ so sein Weib/ nach der Scheidung/ wenn sie einen andern Mann nimpt/ begehet/ so ist das an sich zwar wahr/ daß ein solcher Mann eine causa moralis des Ehebruchs/ so etwan seyn von ihm ohne Ursache geschiedenes Weib durch nehmen eines andern Mannes begehet (wie denn dieses schon vor dem Theoph. Alethæo gelehret hat H. D. *Mentzer* in seinem kurtzen Bedencken

POLYGYNIA.

cken über Sinceri Wahrenbergs Gespräch von der polygamie p. 44 f.) aber da ist hievon nicht die Frage/ sondern vielmehr davon/ ob ich deßwegen einen solchen Mann einen Ehebrecher nennen kan? Das kan ich nicht thun: Den Beweiß haben die Gelehrten bey offtgedachtem *Musco* §. XXXV. XXXVI. XXXVII. Theoph. Alethæus spricht (3) daß die Wörter πορεία und μοιχαας eine jegliche Verletzung des Ehebettes bedeuten/ sie geschehen/ wie sie wolle/ entweder durch Ehebruch oder auff eine andere Art/ so dem ehelichen Vertrag zu wieder/ auch durch Verlassung und Scheidung. Was das Wort πορεία betrifft/ thut deßwegen allhie keine Antwort nöthig/ weil ja nicht von selbigem / sondern von dem Wort μοιχαας der Streit. Sonsten kan von dem Wort πορεία nachgelesen werden *Salmasius in Fœnore Trapezitico* und *Seldenus lib. III. Uxor Ebr. cap. 23. 27.* Das aber das Wort μοιχαας eine jegliche Verletzung des Ehebettes/ auch durch das blosse Scheiden vom Weibe/ bedeute/ muß Theophilus Alethæus besser/ als er mit Schmidio gethan (in welchem davon nichtes) beweisen. Omnem violationem conjugii mœchiam esse, nemo dixerit, das ist/ das eine jegliche Verletzung des Ehestandes eine mœchia sey/ wird niemand sagen/ schreibt mit dürren Worten *Joh. Seldenus l. c. cap. 27. p. 554.* welcher doch unter andern dem Verstan-

de Dide dieses Wortes, mit sonderbahrem Fleisse nachgedacht. Und wie? Hat Theoph. Alethæus *in f. p. 142.* seines Disc. Pol. vergessen/ was er vorhero *p. 94.* aus dem *Antonio Matthæi*? oder vielmehr aus dem *Pufendorf. p. 780. de I. Nat. & Gent.* welchen er hie/ wie anderswo/ mit Verschweigung des Nahmens/ außgeschrieben) gelehret hat: Sciendum non omnem violationem fidei conjugalis esse adulterium. Qui enim non alit uxorem, qui debitum non reddit, qui malitiosè deserit, contra fidem agit conjugalem, nec tamen ideo adulter audit, das ist/ man soll wissen/ daß nicht eine jede Verletzung der eheliche Treu ein Ehebruch sey. Denn wer sein Weib nicht ernehret/ wer ihr nicht die Eheliche Pflicht leistet/ wer sie boßhaffter weise verläst/ der handelt wieder die Eheliche Treu/ er heisset aber darumb nicht ein Ehebrecher: Hiemit stimmet gar nicht überein/ was *Theoph. Alethæus* an diesem Orht *sub fin. p. 142.* und *p. 143.* (die Worte sind zuvor citiret) schreibet. Wann denn nun dem also/ daß das Wort μοιχᾶσϑ nicht also außzudehnen/ so statuiret Theoph. Aleth. ohne Grund/ daß einer/ der sich von seinem Weibe scheidet/ durch die blosse Scheidung schon ein Ehebrecher werde/ und das es nur den schon durch die Scheidung geschehenen Ehebruch gravire/ wenn nach dem Scheiden ein ander Weib genommen wird. CHristus hat trauen

nicht

nicht umbsonst im 32. Vers des V. c. Matthæi NB. von dem der sich von seinem Weibe scheidet/ gesagt/ er mache/ daß sein Weib die **Ehe breche/** da er im 9. vers des XIX. Matthæi von dem/ der sich von seinem Weibe scheidet/und NB. **freyet eine andere/** spricht/ daß er die **Ehe breche.** Machete das Scheiden (nicht aber das Freyen eines andern zu dem Weibe das man hat) einen Mann zum Ehebrecher/ wurde CHristus ein ander prædicatum, als er gethan/ im V. Matth. adhibiret haben. Was *Sunnichius*, welchen Theoph. Aleth. allhie *p.* 143. für sich anzeucht/ von diesem Spruch Christi lehret oder nicht/ daß kan uns unsers Ortes/ weil er ja nicht unser Glaubensgenossener/ gleiche viel seyn. Theoph. Alethæus hat jetzo wegen dieses Spruches seine kurtze Abfertigung. Was sonsten hiebey zu erinnern/das findet man in des mehrgemeldten *Musæi* Dissertation, wie auch in H. D. *Mentzeri* schon vorhin berührtem kurtzem Bed. über Sinceri Wahrenbergs (der/ wie mir Theophilus Alethæus Mündlich berichtet hat/ des verstorbenen Graffen Cord von Königsmarck Secretarius soll gewesen seyn) Gespräch von der Polygamie. —

Wir beweisen die Unzuläßigkeit des nehmens vieler Weiber nach dem N. T.

II. Aus dem Apostel Paulo, und zwar aus dem 7. des I. an die Corinth. woselbst der 2.3.4. und 5. v. also
lauten:

lautẽ: Διὰ τὰς πορνείας ἕκας@· τἰὼ ἑαῦ τȣ γυναῖκα ἐχέτω, κ̀ ἑκάςη τὸν ἴδιον ἄνδρα ἐχέτω τῇ γυναικὶ ὁ ἀνὴρ τἰὼ ὀφειλομἰὼν εὔνοιαν ἀποδιδότω, ὁμοίως δὲ κ̀ ἡ γυνὴ τῷ ἀνδρί. ἡ γυνὴ τȣ͂ ἰδίȣ σώμα@· ȣκ ἐξȣσιάζει. ἀλλ' ὁ ἀνὴρ. ὁμοίως δὲ κ̀ ὁ ἀνὴρ τȣ͂ ἰδίȣ σώμα@· ȣκ ἐξȣσιάζει, ἀλλ' ἡ γυνὴ. Μὴ ἀποςερεῖτε ἀλλήλȣς, ἢ μήτι ἂν ἐκ συμφώνȣ πρὸς καιρὸν, ἵνα χολάζητε τῇ νης είᾳ κ̀ τῇ προσευχῇ. κ̀ πάλιν ἐπὶ τὸ αὐτὸ συνέρχησθε, ἵνα μὴ πειράζῃ ὑμᾶς ὁ Σατανᾶς διὰ τὴν ἀκρασίαν ὑμῶν. Das ist/ nach Lutheri Ubersetzung/ umb der Hurerey willen habe ein jeglicher sein eigen Weib/ und ein jegliche habe ihren eigenen Man. Der Man leiste dem Weibe die schuldige Freundschafft/ desselbigen gleichen das Weib dem Mann. Das Weib ist ihres Leibes nicht mächtig/ sondern der Mann. Desselbigen gleichen der Mann ist seines Leibes nicht mächtig/ sondern das Weib. Entziehe sich nicht eins dem andern/ es sey denn aus beyder Bewilligung eine Zeitlang (κ̀ τȣ͂ πρὸς ὀλίγον καιρὸν. und das auff eine geringe Zeit: so gibts hie der Grieche Maximus in seiner Griechischen Metaphrasi,) daß ihr zum fasten und beten müsse habet/ und kompt wiederumb zusammen/ daß euch der Satan nicht versuche/ um euer Unkeuschheit willen

umb

POLYGYNIA.

משׁול רגתא . רפגירכת umb der Lust oder Begierde eines Leibes willen/ so heisset dieses nach dem Syrischen.)‍‌

Hierauß mache ich wieder das nehmen vieler Weiber solchen Schluß.

So ein Mann durch die Eheliche Verbindung eines Weibes eigen wird/ und zwar so/ daß/ was die schuldige Freundschafft anlanget/ nicht er/ sondern das Weib seines Leibes mächtig ist/ und daß er sich dem Weibe nicht entziehen kan/ ohne mit ihrer Bewilligung/ und dieses nur auff ein Zeitlang/ wenn es umb ausser ordentliches Fasten und Beten zu thun ist/ so hat er auch nicht Macht zu dem Weibe/ daß er schon hat/ bey ihrer Lebenszeit/ mehre zu nehmen. Nun wird ein Mann durch die Eheliche Verbindung so/ wie gesagt/ eines Weibes eigen.

Darumb hat ein Mann nicht macht zu dem Weibe/ das er schon hat/ bey ihrer Lebenszeit mehre zu nehmen.

Die consequentz des ersten Satzes wird dadurch bewiesen: weil mehre Weiber zu dem/ das man hat/ bey ihrer Lebenszeit nehmen nichtes anders ist/ als sich mehren Weibern durch Eheliche Verbindung zu eigen ergeben/ und zwar so/ daß/ vas die schuldige Freundschafft anlanget/ mehre

Weiber macht über des Mannes Leib bekommen/ deren keinen er sich entziehen kan/ ohne mit eines jeglichen Bewilligung/ und dieses nur auf ein Zeit=lang/ wenn es nun ausser ordentliches Fasten und Beten zu thun ist. Nun streitet das aber mit ein=ander: einen gewissen Weibe sich also durch eine unauflößliche Verbindung zu eigen ergeben ha=ben/ und sich doch mehren zu eigen ergeben wol=len. Wie kan ich jemand über meinen Leib die Macht geben/ die ich nicht habe in meiner Macht/ weil sie schon von mir vergeben? Und was? wen hierin viele Weiber zugleich ihrer über des Man=nes Leib haben Macht gebrauchen wolten/ was würde doch wol daraus werden? Den Klugen ge=nug.

Der andere Satz stehet in Pauli Worten: leset sie wieder nach und erweget sie.

Die Einwürffe hiewieder betreffend/ sind es folgende: (1) Daß hie beym Paulo zwar ge=lesen werde in Singulari: Ein jeglicher habe sein eigen Weib/ nicht aber in plurali: seine eigne Weiber/ allein daraus könne nichtes bewiesen werden. Theoph. Aleth. §. LXXXVI. pr Aber man sehe/ was bey den Einsetzungs=Wor=ten des Ehestandes droben gesagt: wiewol wir uns auch wieder das nehmen vieler Weiber/ nicht so sel=der Worte: ein jeglicher habe sein eigen Weib als der Worte: eine jegliche hab ihren eigenen Mann/ bedienen/ wie aus meiner Schlußrede zu sehe sehen ist. (2) Daß das Wort: eigen/ nicht allezeit eine Eigenschafft in qvarto modo (wie man in Schulen redet) inferire: denn da habe ja ein jeglicher unter den 70. Söhnen Ahabs (von welchen 2. Reg. 10.) sagen können von seinem Vater: diß ist mein eigner Vater/ und sey doch Ahab ein Vater vieler Söhne gewesen. Es ist nicht (so fähret Theoph. Aleth. l. c. p. 149. fort/ da er denn einerley Worte führet mit Sincero Waremb. in seinem Gespräch von der Polyg. p. 48. &c. des Mentzer Bed.) Wider die Natur der Eigenschaft/ wie hie die Eigenschafft genommen wird/ vielen gemein seyn. Im 14. des Br. an die Römer stehet: Ein Knecht fällt seinem eigenen Herren. Wie nun daraus/ daß ein Knecht seinem eigenen Herren fällt/ nicht kan geschlossen werden/ daß demselben Herren nicht auch andere Knechte fallen/ oder/ daß derselbe Herr nicht auch andere Knechte haben könne/ also folget auch nicht/ daß weil ein Weib ihren eigenen Mann hat/ nicht auch ein ander Weib denselben Mann auch/ oder derselbe Mann ein ander Weib daneben haben könne. Uber das ist auch ohnstreitig/ daß die Zahl der Vielheit der Eigenschafft nicht entgegen sey/ und in solchen Verstand wird auff die Zahl/ so in dergleichen Reden exprimiret/

E ii   nicht

nicht gesehen/ zum Exemp. umb der Blösse willen habe ein jeder sein eigen Kleid/ umb der Bequemligkeit willen habe ein jeder sein eigen Hauß. woraus denn nicht folget (diß thut Sinc. Waremb. p. 49. in dem Menzer. Bed. hinzu) daß einer nur ein Kleid oder nur ein Hauß haben/ und darüber Herr seyn möge: hette aber auch hinzuthun sollen: woraus denn nicht folget/ daß ein jegliches Kleid nur einen Träger/ und ein jegliches Hauß nur einen Besitzer oder Herren haben solle: denn so ist es allererst recht inferiret/ ob wir uns gleich so wenig umb die andere illation allhie/ wie aus folgendem erhellen kan/ zu bekümmern haben. Hierauff nun gründlich zu antworten/ ist zu wissen/ daß wir hie nicht eben blosser Dinge uns mit dem Worte: eigen/ behelffen. Ohne ist es nicht. *L. V. Velthuysen* schreibet in seinem *tract. mor. de naturali pudore & dignitate hominis* (so im vorigen Jahr zu Utrecht gedruckt) *pag.* 111. Mulier non potest habere proprium suum virum, si in solidum eum non possideat. Neqve ratio patitur vocem proprii (*ita enim fortè legendum*) in eodem versu diversimodè sumi, nisi aliqva necessitas illam nobis imponat legem. Das ist: Ein Weib kan ihren Mann nicht zu eigen haben/ wenn sie ihn nicht allein (so daß
ihn kei-

ihn keine neben ihr habe) hat. Und hat man ja keine Ursache/ in einem Vers das Wort: eigen/ da es zweymahl darin vorkompt/ auff zweyerley Art zu verstehen/ wenn einen nicht die Noth darzu zwinget. Were etwas/ wenn/ wie in unser Teutschen Ubersetzung Lutheri zweymahl das Wort: eigen/ stehet/ auch im Griechischen Grund-Texte (welchen gedachter Velthuysen nicht scheinet angesehen zu haben) zweymahl einerley Wort stünde. Da stehet aber erstlich darin das Wort ἐαυτῆ, hernacher das Wort: ἴδιον. Man möchte vielmehr etwas suchen in dem Artikel: τῆς, so da beym Wort ἴδιον zu finden. Allein wir haben uns dessen zu gebrauchen nicht nöthig: lassens dennoch gleichwol vor dißmahl an seinem Ort gestellet seyn/ was beydes erwehnter Velthuysen und auch andere deßfals urgiret. Paulus saget/ daß ein Mann/ der eines Weibes eigen/ eben so wenig seines Leibes mächtig sey/ als das Weib ihres Leibes ist. Das Weib ist ihres Leibes nicht mächtig (so fallen ja außdrücklich des Pauli Worte) sondern der Mann. Desselbigen gleichen der Mann ist seines Leibes nicht mächtig/ sondern das Weib. Da sehen wir's/ auff was weise das Weib eine proprietaria ihres Mannes sey/ daß ich so rede. Sie hat macht über ihres Mannes Leib/ gleich wie der Mann über ihren Leib: scilicet, secundùm ea membra, quæ

sexum

sexum distingvunt, & qvatenus serviunt actui conjugali, wie der Jesuit *Menochius* recht in Betrachtung der Umbstände des Textes hierüber glossiret hat/ das ist/ in Ansehung der Ehelichen Pflicht/ so fern dieselbe mit dem Leibe zu leisten. Haben hiebey insonderheit zu mercken/ was vor einen Nachdruck das allhie vorhandene Griechische Wort: ἐξουσιάζω habe. Diß Wort (welches ausserhalb dieses Ortes nur zweymahl im N. T. gefunden wird/ nemlich beym Luca im XXII v. 25. und 1 Cor. VI, 12.) respondiret bey den LXX. Griechischen Dolmetschern den Hebreischen Wörtern משל, שלט und, בעל welche alle eine herrschafftliche Macht bedeuten. Unter andern ist merckwürdig (weiln daselbst so wol als in dem unter handen habenden Spruch Pauli der herrschafftlichen Macht über die Leiber/ Erwehnung geschiehet) der Ort beym Nehemia c. IX. v. 37. Da die Hebreische Wörter also lauten: עַל גְּוִיֹּתֵינוּ משלים בִּרְצוֹנָם. Jm Griechischen finden wir allhie an stat des Wortes: משלים das Wort: ἐξουσιάζουσι. D. Luther gibts also: Sie herrschen über unser Leibe nach ihrem willen. Hieraus stehet zu schliessen/ daß ein Weib/ was die Eheliche Pflicht anlanget/ eines Herren Macht über ihres Mannes Leib habe. Hat sie aber eines Herren Macht über ihres Mannes Leib/ so kan auch der Mann keine zu ihr annehmen/ die gleiche Macht habe/ weil be/ weil sichs zweyen Herren nicht zugleich dienen lässet. Und dieses ist auch eben die Ursache/ warumb sich allhie beym Paulo der Syrische Dolmetscher des Wortes שלט welches eben so viel als das Hebreische שלט, bedienet hat. Dem Theoph. Aleth. kömpts zwar ohngereimt vor/ daß man sagen wolle/ es könne ein Weib des Mannes Herr seyn/ oder/ über den Mann herrschen. Maritum esse simul Dominum & servum absurdum est. So fallen seine Worte (die er nebst andern aus Waremb. Gespr. von der Polyg. p. 48 des Mentzer. Bed. genommen hat) p. 146. seines Disc. Pol. allein es ist ihm allhie ohngereimt/ was Paulo nicht ohngereimt gewesen/ welcher außdrücklich reciproce vom Mann und vom Weibe saget / daß der Mann über des Weibes/ und das Weib über des Mannes Leib eine Herrschafft habe. Und gebrauchet Paulus beyder wegen das Wort ἐξουσιάζω. Ich erinnere hiebey billig den Theoph. Aleth. seiner eigener Rede/ die er § LXXI. seines Disc. p. 112. geführet: Nulla potest dari ratio, cur ή non multiplicare (Deut. 17.) in uno versiculo diversas imo contrarias significationes habeat, das ist/ es findet sich keine Ursache/ warumb man das Wort: nicht vermehren/ in einem vers unterschiedlich/ ja wiederwertig verstehen solte. Frage hierauff/ worumb denn allhie beym Paulo in einem vers das Wort: ἐξουσιά-

E iv ζει,

Macht haben/ einem doppelten Verstand haben solle? Solte des Weibes Macht geringer seyn über des Mannes Leib/ als des Mannes Macht über des Weibes Leib/ so würde Paulus nicht von beyden Seiten sich eines Wortes bedienet haben. Weiter: Paulus verknüpffet die Gegenrede/ da er des Weibes Macht mit des Mannes Macht zusammen hält mit der particel: ὁμοίως, desselbigen gleichen. Wenn diß *Theodorus Beza* erweget/ schreibet er in seinen annatot. über diesen Ort also: Videtur Paulus expresse istud adjecisse, qvod mariti plus sibi licere qvàm uxoribus putarent, unde illa pellicatûs & concubinatûs consuetudo, das ist/ es scheinet/ Paulus habe dieses außdrücklich darumb hinzugethan/ weil die Männer (zu der Zeit) vermeineten/ daß sie mehr Macht hetten als die Weiber/ daher denn das nehmen allerhand neben Weiber. Theoph. Aleth. wendet p. 144. ein: Wie aus den Worten CHristi (beym Joh. im XX. v. 21. Gleich wie mich der Vater gesand hat/ so sende ich euch/ nicht alsobald eine allerdings gleiche Sendung des Sohnes und der Jünger kan geschlossen werden (denn da ist ja/ wie zugegeben wird/ darunter ein grosse Unterscheid:) also ist auch in den Worten Pauli nicht eine gleiche Macht des Weibes und des Mannes

nes über ihre Leiber enthalten. Ich frage hie aber/ ob es einerley sey/ wenn in einer Rede nebst der Vergleichung eine opposition, oder wenn darin eine blosse Vergleichung? Es sind dieses/ wie der Augenschein weiset/ gar keine gleichlautende Redens-Arten.

Leset *Musæum* in seiner Dissert. wieder *Theoph. Aleth.* §. LIV. So ist uns ja auch sonsten aus vielen Oertern der Schrifft wissend/ das zwischen Christo und seinen Jüngern ein so grosser Unterscheid/ daß ohnmöglich einerley art Sendung bey ihnen statt haben kan: von dem Mann und Weibe aber muß es Theoph. Aleth. allererst beweisen aus Gottes Wort/ das auch unter ihnen ein so grosser Unterscheid/ daß nicht einerley Art Herrschafft bey ihnen/ was die Herrschafft über den Leib/ in Ansehung E. helicher Pflicht/ anlanget/ statt haben könne. Schadet nicht/ das (wie Theoph. Aleth. hiemit l. c. auffgestiegen kompt) der Mann nach der Schrifft sonsten grössere Macht hat/ als das Weib. In einigen Stücken grössere Macht haben als ein ander/ ist nicht alsofort in allen Stücken grössere Macht als ein ander haben. In aliis (schreibet *Joh. Calvinus* in seinem Commentar. über diesen Ort) differunt & officio & jure vir & uxor: in hâc parte utriusq; æqvalis est conditio, hoc est, in servanda fide conjugali, das ist/ in andern Stücken sind Mann und Weib nach ihrer

E v   Schul-

Schuldigkeit und Macht unterschieden: in diesem Stück/ nemlich in Haltung der Ehelichen Pflicht/ hat der eine nicht mehr zu sprechen als der andere. Schreibet in diesem Fall dem Verstande nach eben das/ was vor ihm *Joh. Chrysostomus* in seiner 19. *homil. in* 1. *ad Cor.* und aus selbigem *Theophylact. ad h. l. Lombard. l.* 4. *sentent. dist.* 32. *pr. Anshelm. Laudun. in Glossa interlin. Nicol. de Gorran in Post. elucid. Dionys. Carthus. Regnerus Prædinius* und andere über diesen Ort geschrieben haben: welche gleichfals hie eine paritát oder Gleichheit erkennen/ und also gestehen/ daß ein Mann in Ansehung der Ehelichen Pflicht beydes ein Herr und Knecht seines Weibes sey. Dienet dannenhero nichts zur Sachen/ wenn Theoph. Aleth. l. c. saget/ es habe gleichwol der Mann vormahls Macht gehabt seiner Braut Jungfrauschafft zu untersuchen/ die Eifersucht durchs bitter Waßer wieder sein Weib außzuüben/ auch sich von seinem Weibe zu scheiden/ dergleichen Macht doch das Weib nicht gehabt. Denn dieses sind noch alles keine Dinge/ daraus folget/ das der Mann auch Macht über seinen Leib habe/ und zwar so/ daß er dessen Ehelichen Gebrauch mehren/ als dem Weibe/ so er einmahl genommen/ verstatten könne. Betreffend unterdessen das letztere/ was Theoph. Aleth. vom Scheiden vorbringet/ daß sich nemlich ein Weib nicht

von

POLYGYNIA.

vom Manne/ wie der Mann vom Weibe/ scheiden können/ ist selbiges bevorab da mans auch auff die letztere Zeiten ziehen will/ zimlich Zweiffelhafft. Spricht nicht Christus beym Marco im X, 12. außdrücklich: So sich ein Weib scheidet von ihrem Mann/ und freyet einen andern/ die bricht ihre Ehe? Exempel hat man beym Iosepho, die ja auch Theoph. Aleth. selbst anderswo/ nemlich p. 117. seines Disc. aus dem *Pufend.* (wiewol er selbigen abermahl daselbst nicht genandt) außgeschrieben S. *Pufend. l. VI. de Jure Nat. & Gent. c. I. §. 23. p. 189. s.* auch *Selden. de J. N. & Gent. juxta disc. Ebr. l. V. c. 7. p. 591.* und *Spanhem. P. III. Dub. Ev. Dub. CXXI p. 613.* Leugne gleichwol nicht/ daß in diesem Fall die Exempel rar/ was die Juden betrifft: hat sonsten auch Scheidungen der Weiber von den Männern bey den Heyden gegeben/ davon in gedachten Autoribus und anderswo.

Diesem sey nun/ wie ihm wolle/ Theophilus Aleth. kan aus dem/ was jetzo angeführt/ nicht Folgern/ daß das Weib keine herrschafftliche Macht über ihres Mannes Leib habe. Wir trauen Paulo, der diß bejahet/ mehr als ihm. Hat nun ein Weib über ihres Mannes Leib herrschafftliche Macht/ so kan sie alle andere Weibes-Persohnen von dessen Gebrauch abhalten. Warumb? ich wil nicht antworten. H. *Pufendorf*, denn ja/ wie schon erwehnt/ unser Theoph. Alethæus vielfältig

fältig außschreibet/ und also ihn wehrt halten muß/ soll es vor mir thun. Dessen Worte sind *l. IV. de J. N. & Gent. c. IV. §. 2. p. 453.* in f. diese: Ea est vis Dominii, ut de rebus, quæ tanquam propriæ ad nos pertinent, pro arbitrio nostro disponere, & *ab earundem usu qvosvis alios arcere possimus.* Das ist/ dieses ist die Natur der Herrschafft (die Herrschafft bringet daß mit sich) daß man mit dem/ was einem eigen zugehöret/ disponiren kan/ wie man will/ (verstehe ad usum, non ad abusum, zum Gebrauch/ nicht zum Mißbrauch/ wie sonsten von der Eheleute Macht nach unserm Paulinischen Spruch geschrieben *Frid. Spanhem. P. III. Dub. Evang. Dub. CXXI. p. 614.*) und von desselben Gebrauch jederman abhalten.

Es hat hie aber Theoph. Aleth. auch vors (3) diesen Einwurff (will kürtzlich zusammen fassen/ was beym Theoph. Aleth. â med. p. 144. stehet) daß zwar ein Weib vermöge der Worte Pauli im 7. an die Römer *v. 2, 3.* und *1. Cor. VII,* 39. an ihren Mann/ dieweil er lebet/ so verbunden/ daß sie keinen andern zu ihm nehmen könne/ und/ da sie dieses thue/ eine Ehebrecherin werde/ vom Manne aber stehe dergleichen nicht in *Pauli* Worten: so heisse es ja auch im 10. und 11. vers des unter handen habenden 7. cap.

im

im 1. Br. an die Cor. Zwar in Ansehung des Weibes: denn Ehelichen Gebiete nicht ich/ sondern der Herr/ daß das Weib sich nicht scheide von dem Manne. So sie sich aber scheidet/ daß sie **ohne Ehe bleibe**/ oder sich mit dem Manne versöhne: in Ansehung des Mannes aber heisse es nur blosser Dinge: daß der Mann das Weib nicht von sich lassen/ nicht aber zugleich: daß er ohne Ehe bleiben/ oder keine andere zu dem Weibe/ daß er schon hat (und davon er nicht würcklich aus rechtmäßigen Ursachen geschieden/ denn das wird hie supponiret) nehmen solle. Antwort. Was *Paulus* im angezogenen 7. cap. an die Römer vom Weibe schreibet/ daß ein Weib eine Ehebrecherin werde/ wenn sie/ die weil ihr Mann lebet/ einen andern nimpt/ das saget auch **Christus vom Mann** beym Matth. im XIX. wie vorhin bey Betrachtung dieser Worte gesehen. Anlangend den 10. und 11. vers in diesem 7. c. des 1. Br. an die Cor. setzet außdrücklich *Anshelmus Laudunensis* in der Glossa interlin. zu den Worten: Et vir uxorem non dimittat, der Mann soll das Weib nicht lassen/ diese glossam hinzu: Supplendum est hic, qvod de uxore præmisit, qvod si dimiserit, non ducat aliam, vel reconcilietur uxori, das ist/ man muß hie das hinzuthun/ was *Paulus* vorhin vom Weibe gesagt: so er aber sein Weib lässet (so er sich aber von seinem Weibe scheidet

scheidet / verstehe / da keine in GOttes Wort ge=
gründete Ursache zu scheiden) solle er ohne Ehe
bleiben (soll er keine andere nehmen) oder sich mit
dem Weibe versöhnen. Ein gleiches lieset man
aus dem August: beym *Nicolao de Gorran* in seiner *Postilla elucidat. & magistr.* über diesen Ort
und vielleicht auch bey andern / die ich jetzo nachzuschlagen nicht die Weile habe. Theoph. Aleth.
kan hie durchaus nicht sagen / daß man durch einen
solchen Zusatz zu Pauli Worten eine petitionem
principii begehen / weil das eben die Frage / ob Paulus den Männern dergleichen wolle geboten haben /
was den Weibern geboten. Denn da kan ja Paulus ohnmöglich Christo / als welcher da / was Paulus in Ansehung der Weiber geschrieben / in Ansehung der Männer beym Evangel. Matth. im XIX.
außgesprochen / wiedersprechen. Hats also auch
mit diesem Einwurff (zugeschweigen / was sich sonsten allhie antworten liesse) nichtes zu bedeuten.
Das Theoph. Aleth. (4) p. 145. f. &c. schreibet:
Es habe zwar auch das Weib einige Macht
über des Mannes Leib / was die Erheischung
Ehelicher Pflicht betrifft / aber doch so / daß sie
alles beßfals in des Mannes Freyen willen zu
stellen hat / als welcher nicht nur / wenn sein
Weib schwanger / Unfruchtbar oder alt / sondern auch / wenn es ihm beliebt / nach dem Exempel Abrahams / Jacobs und Davids / sich
zu an-

POLYGYNIA.

zu andern Ehelich halten könne/ und dabeneben/ wie sein Weib Macht hat die Eheliche Pflicht von ihm zu fodern/ gleiche ja noch grössere Macht habe ihr die Eheliche Pflicht zu wegern/ das schreibet er nur pro autoritate, ohne Hinzusetzung der geringsten Ursache. Paulus weiß nichtes von der Macht des Mannes dem Weibe die Eheliche Pflicht zu wegern/ er saget vielmehr: entziehe sich nicht eins dem andern/ es sey denn aus beyder Bewilligung. Die Exempel Abrahams/ Jacobs und Davids anlangend/ beziehe ich mich deßwegen auff mein sechstes Principium, und das/ was in der Antwort auff die 4te Frage folgen wird: Theoph. Aleth. spricht (5) p. 146. Er sehe nicht/ was im wege stehe/ daß die andere Frau/ wegen gleicher Vereinigung (so lauten zum theil Theoph. Alethæi Worte auff Teutsch/ beym *Sinc. Waremb. p. 48.* im Mentzer. Bed.) auch gleiches Recht mit der ersten haben könne/ es könne solche Gewalt wol ohne Unordnung gemein seyn: wie ja auch viele Söhne gleiches Recht in Ansehung ihrer Eltern haben.   Antwort:

Ein anders ist seine Gewalt über den Mann mit der ersten gemein haben/ können vermöge auff Menschliche/ ein anders ist selbige mit der ersten gemein haben können vermöge eines auff Göttliche Ein-

che Einwilligung beruhenden Contracts. Der Ehe-Contract hat zum Fundament das Göttliche Ehe-Gesetz/ und müssen sich dannenhero Eheleute/ wen sie einen Ehe-Contract unter sich machen/ nach dem Göttlichen Ehe-Gesetz richten. Weil aber das Göttliche Ehe-gesetz nur von zweyen/ unter denen Ehelich contrahiret werden kan/ weiß/ als kan/ wenn ihrer zweene Ehelich mit einander contrahiret/ keiner unter diesen beyden wieder GOttes Gesetz mit mehren Ehelich contrahiren. Man möchte hie einwenden/ wenn gleichwol die erste contrahentin entweder im Anfang ihres Ehe-contracts, oder aber hernacher darin gewilliget/ daß ihr Mann die Macht haben solle mit mehren nebst ihr zu cotnrahiren/ so könne der Mann auch dieses/ wegen dieser von der ersten contrahentin geschehenen Einwilligung/ da selbige ihre Macht auf die weise vergeben/ gar wol thun: ein anders aber sey es/ wenn an der ersten contrahentin Seiten keine Einwilligung. Leset hievon beym *Pufendorf. de J. N. & G. l. VI, c. I. §. 17. p. 779.* Aber da thut das nichtes zur Sache. Kan man doch nicht einmahl wieder die Gesetze eines gemeinen Königes einen Ehe-contract nach Belieben machen (wil man das thun/ muß man sich vorhero nach einem specialen Königsbriefe umthun/) wie viel weniger wieder die Gesetze des Königes über alle Könige/ bevorab was die substantialia der Ehe anlanget/ davon hie der Streit: **Juri qvidem**

dem suo qvispiam renunciare potest, at non alieno. Conjugii autem vinculum non astringitur uno contrahentium consensu, sed multo magis ipsius Dei utrumq; conjungentis autoritate: cui nihil detrahere potest mutata contrahentium voluntas, cum dicat Christus: qvod Deus conjunxit, homo non separet. Præterea cum juri suo qvispiam renunciat, diligenter considerandum est, qvousq; jus illud protendatur. In conjugio autem alter alterius corpus sic possidet, ut eo qvidem uti possit, ad alium vero suo arbitratu illud transferre non item, manente nimirum penes Deum directo dominio, qvi etiam usum illius certis conditionibus definiit. So schreibet hie von *Theodorus Beza* in seinem Buchl. *de Polyg.* wieder *Ochinum* (*tract. Theol. vol. 2. pag. 4. s. &c* Worin er das/ was vorhin gesaget/ deutlich erläutert.) Es hat zuvor Theoph. Aleth. unter andern gesaget/ daß ja auch viele Söhne in Ansehung ihrer Eltern gleiches Recht haben: können also auch wol viele Weiber gleiches Recht (gleiche Macht) in Ansehung eines Mannes haben. H. D. *Joh. Musæus* aber antwortet hierauff §. LXI. seiner wieder Theoph. Aleth. geschriebenen *Dissertat. p. 46.* billig/ das diß ein simile prorsus

prorsus dissimile, ein gantz ungleiches Gleich‑
nüß sey.

Quæ enim jura (thut er hinzu) *habent filij respectu parentum, ea non habent ex inito cum parentibus contractu libero, ut multa uxores ad unum maritum, si qua jura habent, ex contractu libero cum eo inito habent, sed ex naturali sui dependentia ab illis per generationem.* Das ist/ das Recht/ so viele Söhne in Ansehung ihrer Eltern haben/ haben sie nicht Krafft eines freywilligen Contracts, wie viele Weiber Krafft eines freywilligen Contracts in Ansehung ihres Mannes ihr Recht haben/ wenn sies haben/ sondern Krafft einer natürlichen dependentz von ihren Eltern durch das Eheliche zeugen. wie aber (ich fahre mit Musæo fort) die Krafft Kinder in der Ehe zu zeugen weder nach dem Natur‑noch nach dem Göttlichen Recht an einen eintzigen actum Kinder zu zeugen verbunden ist/ weil dieses an und vor sich selbst ein Mittelding/ so daß es gleiche gut/ ob ein oder mehr Kinder gezeuget werden/ also haben auch billig viele Söhne gleiches Recht in Ansehung ihrer Eltern wegen gleicher dependentz/ von ihnen durch das natürliche Zeugen. Gantz anders aber verhält sichs mit dem Mann und Weib. Was die bey ihrem freywilligen con‑
tract

tract für ein Recht unter einander haben/ das leh̄ret Moses, Christus und Paulus. Wie? das haben wir gewiesen. Es kan *Mosem* l. c. selbst weiter nachgesehen werden. Das jenige/ womit (6) Theoph. Aleth. *á f. p. 146. ad p. 148.* auffgestiegen kompt/ welches er abermahl aus Pufend. J. N. & G. mit dissimulirung seines Nahmens geborget/ (man kan *Puf. l. c. p. 767. 768, 769.* conferiren) handelt ins gemein/ von der Männer Herrschafft und Macht über die Weiber/ und beweiset/ keines weges die sonderbahre Herrschafft und Macht über der Weiber Leiber/ was die Eheliche Beywohnung betrifft: bedarff also keiner sonderbahren Widerlegung. Es ist (7) noch dieses übrig/ das Paulus mit den Worten: Umb der Hurerey willen habe ein jeglicher sein eigen Weib/ und eine jegliche habe ihren eigenen Mann: habe gebieten wollen/ das beydes ein Mann und Weib/ umb die Hurerey zu meiden/ zur Ehe schreiten müsse/ weil die Hurerey/ ob sie gleich unter den Juden und Heiden im Schwange gangen/ auch gar wieder das Natur-Recht lauffe. Dahin gehet/ was weitläufftig geschrieben von Theoph. Aleth. *p. 150. 151.* gleicher Art ist es/ was *Puf. l. VI. de J. N. & G. c. l. §. 18. f.* in derer Nahmen/ so die Pplygynie gut heissen/ anführet: Circa dictum Apostoli 1. Cor. VII, 4. monent (*scil. Polygyniæ Patroni*) ibi non agi de primario fine & usu conjugii, sed secundario & indirecto (Διὰ τὰς πορνείας, scil.

vicanvitandas:) qvô fine cum æqvè mulieres ac viri opus habeant, humanitatis utiq; & æqvalitatis esse ut non viro solùm sed & uxori consulatur: qvô intuitu virum non posse uxori corpus suum denegare. Ex qvô tamen non seqvi; ergo non nisi uni uxori sese vir potest impertire, das ist/ bey dem Spruche *Pauli* 1. *Cor. VII*, 4. erinnern (die Verfechter der Polygynie,) daß darin nicht von des Ehestandes Haupt=sondern Nebenzweck (die Hurerey zu meiden) gehandelt werde: weil es nun so wol dem Weibe als dem Manne nöhtig thut die Hurerey zu meiden/ sey es recht und billig/ daß nicht nur dem Manne/ sondern auch dem Weibe geholffen werde: deßwegen könne nun ein Mann dem Weibe seinen Leib nicht versagen: (damit ist doch Theoph. Alethæus, wie zuvor gehört/ nicht eins/ als welcher dieses bejahet:) es folge aber doch hieraus nicht/ daß der Mann sich nicht mehren als einem Weibe mittheilen könne. Aber genug/ daß es mit einander nicht streitet (ob gleich das letztere aus dem ersten nicht eben folget) daß beides vom Manne und Weibe/ damit die Hurerey gemeidet werde/ zur Ehe zu schreiten/ auch in dessen Betrachtung dem Weibe die Eheliche Pflicht nicht zu denegiren: und daß die Ehe nicht unter mehren als ihrer Zweyen zugelassen.

Paulus

Paulus saget daß eine so wol als das andere. Man wiederhole den aus Pauli Worten droben gemacheten Schluß. Umb der Hurerey willen ein eigenes (gewisses) Weib haben/ und nicht mehr als ein Weib haben/ das kan gar wol/ und muß auch bey einander seyn. So viel auch hievon.

Die IV. Frage.

Welcher Beweißthümer sich das Wiederpart bediene/ und was von denselselben zu halten?

Unser Wiederpart will beweisen/ daß die Polygynie nicht nur zuläßig/ sondern auch gar nothwendig/ 1. nach dem Natur= 2. nach dem Völcker= 3. nach dem Göttlichen Recht.

1. Nach dem Natur=Recht.

Warumb? Das unterstehet sich Theoph. Aleth. zu beweisen im II. §. seines Disc. Polit. Ich will die daselbst verhandene Worte in eine deutliche Schlußrede bringen:

Wenn eine Mannes=Persohn von Natur also beschaffen/ daß sie in einem Jahr viele Kinder zeugen kan (welches sich doch mit einer einzigen Ehe=Frau nicht practisiren läst/) muß eine Mannes=Persohn/ die das thun kan/ höchlich sündigen/ wenn sies nicht thut/ und/ damit sies thun könne/ nicht mehr als ein Weib nimbt.

Nun

Nun kan man das erste nicht leugnen. Darumb muß man das letztere auch zugeben; und also zugleich gestehen/ das nach dem Natur-Recht die Polygynie nicht nur zuläßig/ sondern auch nothwendig sey.

Antwort.

1. Aus der Folgerey des Theophili Aleth. erhellet/ daß er nicht wisse/ was ein Natur-Recht sey. Ein anders ist nach der natürlichen Macht/ ein anders nach dem natürlichen Recht etwas thun können: Sehet mein 8tes principium in der Antwort auff die 2. Frage. Die Physica sind nicht/ wie das Wiederpart thut/ mit den moralibus zu confundiren. Was ein Natur-Recht sey/ habe ich droben in princip. 1. gelehrt. Ohne ist es nicht. Theoph. Alethæus würde hie eine Außflucht haben/ wenn er wuste/ was *David Mevius* in seinem *Prodromo Jurisprud. Gentium Commun. inspect. II. §. V.* geschrieben/ da er auch die facultatem naturalem, qvæ rei cuiq; inest, die natürliche Macht (Krafft) so in einem jeden Dinge ist/ jus naturæ, ein Recht der Natur nennet. Aber es kan dennoch gleichwol auch dieses dem Theoph. Alethæo nicht zu statten kommen/ weil gedachter Mevius außdrücklich einen Unterscheid an dem besagten Orte machet zwischen dem jure naturæ, das ist/ dem Natur-Recht/ und dem jure naturali, das ist/ dem natürlichen Recht/ von welchem

chem letzteren deñ nur allhie der Streit/ zugeschweigen/ was sich sonsten von dieser distinction möchte sagen lassen. Wird also hie gantz nichtes für die Nothwendigkeit der Polygynie nach dem Natur- oder natürlichen Recht (meinenthalben mag mans nennen wie man will) geschlossen/ ja nicht einmahl etwas für die Zuläßigkeit nach demselben.

2. Was den Beweiß anlanget/ damit Theoph. Alethæus seine Folgerey behaupten will/ ist selbiger ein Zwiefacher Spruch/ nemlich: Deus & natura nihil agunt frustra, GOtt und die Natur machen nichtes umbsonst: und: Qui opus DEI negligenter facit, maledictus est, verflucht sey/ der des HErren Werck läßig thut/ Jer. XLVIII, 10. auff den ersten Spruch dienet zur Antwort/ das GOtt und die Natur nichtes umbsonst machen in Ansehung der speciei humanæ, des gantzē Menschlichen Geschlechtes/ nicht aber in Ansehung gewisser individuorum. Macheten sie auch nichtes umbsonst in Ansehung gewisser individuorum, so müste nothwendig folgen/ das Paulus unrecht geredet habe/ wenn er 1. Cor. VII, 1. saget: Es ist dem Manne gut/ daß er kein Weib berühre/ weil er dieses indefinite ohne Unterscheidung der zum Ehelichen beywohnen tüchtigen oder untüchtigen außspricht; so müste auch nothwendig ein jeder/ der nur zur Ehelichen Beywohnung tüchtig/ ob er gleich das donum continentiæ hat/ nicht nur ein/ sondern wol etliche 100. Weiber (nemlich so viele/ als seine na-

F iv   türliche

türliche Kräffte leiden) zur Ehe nehmen: da doch Theoph. Alethæus selbst an verschiedenen Orten hierin die Maaße will gehalten haben. Medium uti in omnibus, ita & hic tenuere beati, schreibet ja Theophilus Aleth. selbst alsobald im IV. §. den andern Spruch aus dem XLVIII. Jer. betreffend/ verflucht sey/ der des HErrn Werck läßig thut/ ist zu wissen/ daß darin des HErren Werck genennet werde die vom HErren befohlene Zerstörung der Moabitischen Städte/ und will GOtt/ daß die Zerstörer damit nicht läßig/ das ist/ nicht träg seyn sollen. Was will aber Theoph. Aleth. hieraus für die Nothwendigkeit der offtermahligen Wiederholung des Kinder-Zeugens in einem Jahr nach dem Natur-Recht schliessen? Ein jedes Werck GOttes/ oder/ ein jedes von GOtt uns zu verrichten auffgetragenes Werck muß so offt verrichtet werden/ als es vermöge der bey Aufftragung desselben gegebenen Göttlichen Gesetze verrichtet werden kan. Nun ist bey Aufftragung des Ehelichen Kinderzeugens ein solches Gesetz unter andern gegeben/ daß nur ihrer Zweene, ein Mann und ein Weib in der Ehe Kinder zeugen sollen (wie das droben genug erwiesen.) So offt derowegen diese Zweene in der Ehe Kinder zeugen können/ so offt streben sie auch billig darnach. Ultra posse autem non obligantur. Oeffter aber es zu thun/ als der gemeine Natur-Lauff es mit sich bringet/ sind sie nicht verbunden.

3. Soll des Theoph. Alethæi Folgerey gelten/ kan ich nach Anleitung derselben solchen Schluß machen: Es muß entweder kein Bischoff von Natur also beschaffen seyn/ daß er in einem Jahr viele Kinder zeugen könne/ oder es sündiget auch ein Bischoff höchlich/ wenn er/ da er viele Kinder in einem Jahr zeugen kan/ nicht mehr als ein Weib nimpt. Wer das erste sagen würde/ den würde billig ein jeder vor einen Narren halten. So muß nun Theoph. Aleth. das letztere gestehen. Gestehet er das letztere/ so wiederspricht er offenbahr dem Apostel Paulo, der ja außdrücklich 1. Tim. III, 2. Tit. I, 6. schreibet: Es soll ein Bischoff seyn eines Weibes Mann. Soll er seyn/ da er ein Ehemann seyn will/ eines Weibes Mann: so kan er trauen nicht vieler Weiber Mann seyn. Doch es dürffte allhie Theoph. Alethæus aus dem LXXXVII. §. seines Disc. Polit. einwenden/ es stecke in diesen Worten ein Gebot an den Bischoff Ehelich zu seyn/ und zum wenigsten ein Weib zu haben/ damit er dem Argwohn von der Hurerey vorbaue/ welchem alle uneheliche unterworffen. Ich frage aber Theophilum Alethæum nur das eintzige: warumb denn Paulus, der diß gebeut/ nicht andern mit einem guten Exempel vorgegangen/ und/ umb dem Argwohn/ welchem alle uneheliche/ nach Theophili Alethæi Wahn/ unterworffen seyn/ vorzubauen/ e-

F v   helich

helich geworden/ und zum wenigsten ein Weib genommen? aber was? Es bejahet ja dieses Theoph. Alethæus: Sehen wir an dem LXXV. §. seines Disc. so spricht er aus *Monneri* b.| *de Matrim.* ex libris Clementis patere, qvod Petrus fuerit uxoratus, & ipse Paulus: uti de Petro Paulus testetur: Numqvid non ego & Barnabas habemus potestatem sororem uxorem (diß Wort/ welches beym Theoph. Aleth. vielleicht aus Versehen des Druckers außgelassen/ soll dabey stehen) circumducendi, sicut & reliqvi Apostoli & Fratres Domini & Cephas 1. Cor. IX, 5. das ist/ es sey bekant aus den Büchern des *Clementis*, das *Petrus* Ehelich gewesen/ wie auch *Paulus* selbst: und zeuge diß von *Petro Paulus* 1. Cor. IX, 5. wenn er saget: Haben wir nicht auch Macht eine Schwester zum Weibe mit umbher zu führen/ wie die andern Apostel/ und des HErren Bruder/ und/ Kephas? anlangend/ was allhie von Petro stehet/ haben wir selbiges nicht nöthig zubeantworten/ weil wirs nicht leugnen/ das Petrus eine Ehe-Frau gehabt. Wenn aber Theoph. Aleth. vom Paulo meldet/ das auch er im Ehestande gelebet/ muß ich etwas hirzu sagen. Er spricht aus dem Monnero, es sey diß bekant aus Clementis Büchern. Zeiget nicht an/ ob diß Clemens Romanus oder Alexandrinus, vielweniger ein gewisses Buch eines unter diesen beyden. Allein das schadet nicht. Wir wissen schon/ bey welchem Clemente, und wo es
stehe-

stehe. Es stehet beym *Clement. Alex. Stromat. lib. 3.* die Worte lauten also (daß ich Geliebter Kürtze halber nur das Teutsche anhero setze.) *Paulus* trägt kein Bedencken in einem seiner Briefse seiner Ehegattin Erwehnung zu thun/ (welche er darumb nicht mit sich umhergeführet/ daß sein Dienst desto hurtiger verrichtet würde) weil er ja in einem Brieffe (verstehe im 1. an die Cor. l. c.) spricht: Haben wir nicht auch Macht &c. Aber hiemit richtet Theoph. Aleth. nichtes aus/ weil der eintzige *Clemens Alexandrinus* so gar vielen andern Kirchen-Vätern/ die das Gegentheil lehren/ nicht præjudiciren kan/ vielweniger der eigenen Rede Pauli 1. Cor. VII, 7. Ich wolte lieber/ alle Menschen weren wie ich bin. Wiewol ich gleichwol auch dieses bey dem Spruch Pauli aus dem IX. des 1. Br. an die Cor. v. 5. (worauff sich *Clemens Alexandrinus*, Pauli Ehestand zu erweisen/ bezogen hat) umb der Romanisten willen zu erinnern habe/ das darin das Wort Weib keines weges ins gemein eine Weibes-Persohn/ sondern in specie ein Ehe-Weib bedeuten müsse. Warumb? es würde allhie sonsten das Wort: Weib/ gantz vergeblich zu dem Wort: Schwester/ gesetzet/ weil man ja vorhin wol weiß/ daß eine Schwester eine Weibes-Persohn. Des Cardinals Perronii listige Versetzung dieser Wörter kan man

finden

finden in *Petri Molinæi Novit. Papismi p. m. 636. edit. Germ.* Welcher Molinæus denn auch nebst mir in der Meinung ist/ das Paulus ohnverheyrathet gewesen. Leset weiter hievon *Spondan. epit. Annal. Eccles. Baron. ad A. C. 57. §. XIX & XX.* Hette sonsten Theoph. Aleth. gewust/ das gar in des *Ignatii* Brieffe *ad Philad.* (*in Orthodoxogr. Theol. Basil. editis p. 80. post med.*) gelesen werde: *Petrum & Paulum* & reliqvos Apostolos nuptiis fuisse sociatos, das ist/ das Petrus und Paulus, und die übrige Apostel Weiber gehabt/ so würde er zweiffels ohne auch dieses anzuführen nicht vergessen haben. Allein es fehlet dennoch gleichwol auch auff dieses nicht an Antwort: denn da lässet sich ja fast nichtes gewisses aus den Brieffen Igantii heutiges Tages anziehen/ weil sie hin und wieder verfälschet seyn/ welches nicht weniger denn Brieffe ad Philidalphinenses als andern begegnet. Sehet unter andern zu *Riveto Crit. Sacri lib. 2. c. 2. p. 197. f. ed. Dordr. 4, 1629. Spondano l. c. §. XX. Coco in Cens. Scriptor. ed. 2. p. 113. 117.* H). *Varen. in præamb. Rationar. Theol. de Script. Eccles. p. 30. &c. it. sec. II. p. 15.* Aber mehr denn genug von diesem: Paulus mag verehliget gewesen seyn/ oder nicht/ ich frage Theophilum Alethæum seibst/ (wie ich ihn wol ehe Mündlich gefraget/ aber darauff keine andere Antwort bekommen/ als daß dieses

Perso-

Personalia weren/ satis ineptè hôc loco) warumb er nicht auch selbst/ umb den Argwohn von der Hurerey vorzubauen/ welchem alle Uneheliche seiner Meinung nach unterworffen/ bißhero Ehelich geworden? Dem Spartanischen Gesetz-Geber Lycurgo schreibet *Justinus lib. 3. Histor. c. 2.* rühmlich nach/ qvod nihil lege ullâ in alios sanxerit, cujus non ipse primus in se documenta daret, daß er kein einziges Gesetz andern gegeben/ darnach er sich nicht vorhero selbst gerichtet. Cape tibi hoc ἄχαμε γυναικόφιλε. Fehlet uns sonsten doch keines weges an dem rechtmäßigen Verstand der vorhin aus dem 3. des 1. an den Timoth. und aus dem 1. des an den Titum angezogenen Paulinischen Worte: wie ich denn davon bey Theologischer Erläuterung des Brieffes Pauli an den Titum ohngefehr vor vierdtehalb Jahren/ da ich noch Ordinarius Theologiæ Professor auff der Universität Rostock war/ meinen Academischen Zuhörern sattsahmen Unterricht gegeben. Recommendire jetzo/ den Verstand dieser Worte einzunehmen/ unter andern *Christoph. Justellum in not. ad Codic. Canon. Eccles. univ. p. 200. &c. Joh. Scaliger. in notis ad N. T. (additis edit. impr. Colon. Allobr. a. 1620. in 4to) pag. 8.* Der übrigen/ die in grosser Anzahl könten genennet werden/ zugeschweigen. Und wie? muß sich nicht Theoph. Aleth. *cit.* §. *LXXXVII. p. 153.* selbst schlagen/

gen/ wenn er also schreibet: An, uti à Rabbinis Pont. Maximo ad averruncandam luxuriæ suspicionem, ita hic Episcopo *tantùm unica uxor concedatur*, eqvidem asserere non audeo. Et *si vel maximè hoc concedatur, ab Episcopo tamen ad omnes homines argumentari fas non est*. Das ist: ob/wie von den Jüdischen Rabbinen dem Hohen-Priester/ also hie dem Bischof/ um den Argwohn der Geilheit abzulehnē/ nur eine eintzige Frau zugelassen werde/ will ich nicht eben bejahen. Und wenn man gleich dasselbe bejahet/ so lässet sich doch keine Folgerey vom Bischoff auff alle Menschen machen. Da sehen wir ja augenscheinlich im ersten sein wanckendes Gemüth/ im andern aber spüren wir seine Unbedachtsamkeit. Ist nicht die Geilheit bey dem einen so wol als beym andern Sünde: Ist sie gleich eine grössere Sünde bey einem Geistlichen als bey einem Weltlichen/ so ist sie darumb doch auch bey diesem eine Sünde. Peccatum est & manet peccatum, qvicunq; demum sit, fidelis vel infidelis, qvi illud perpetrat. Das ist/ eine Sünde ist und bleibet Sünde/ es mag sie begehen/ wer da wolle/ ein Gläubiger oder Ungläubiger. So lauten ja §. XLI. Theoph. Aleth. selbsteigene Worte. Das ist und bleibet einmahl gewiß/ daß die ration, umb deren willen einer/ nach des Theoph. Aleth. Meinung/ viele

Weiber

Weiber auff Geheiß des Natur-Rechts haben muß/ allerley Menschen stringire/ und das also Paulus in Ansehung derselben/ wenn sie gültig were/ nothwendig auch den Bischöffen nicht nur hätte viele Weiber vergönnen/ sondern gar aufferlegen müssen. Das unterdessen die Jüdische Rabbinen (wie Theoph. Aleth. vorhin gedacht) dem Hohen-Priester nur eine eintzige Frau zugelassen/ davon kan etwas gefunden werden beym *Seld. in uxore Ebr. lib. 1. c. 8.*

Wir gehen vom Natur-zum Völcker-Recht/ umb zu sehen/ wie Theoph. Aleth. daraus die Polygynie beweise. Er beweiset der Polygynie Gültigkeit.

II. Nach dem Völcker-Recht.

(wenn wir/ was vom IV. biß zum XV. §. bey ihm stehet/ kürtzlich zusammen fassen) also:

Was da fast bey allen Völckern im Brauch gewesen/ das ist gültig nach dem Völcker-Recht.

Nun ist die *Polygynie* fast bey allen Völckern im Brauch gewesen.

Darumb ist die Polygynie gültig nach dem Völcker-Recht.

Der erste Satz stehet im IV. und XIV. §. der andere wird bewiesen mit dem Exempel der Juden/ Heyden/ Christen und Türcken.

Von den Juden saget Theoph. Aleth.
theils

theils daß sie den cœlibat oder das ehlose Leben verworffen (welches er denn auch von einigen Heyden anführet: Vid. §. VIII. IX.) theils daß sie auch nebst Verwerffung des cœlibats das nehmen vieler Weiber beliebet (vid. §. V. X. und sonsten hin und wieder.)

Unter den Heyden kompt er auffgestiegen mit den Syrern/ Edomeern/ Cananeern/ Egyptiern/ Assyriern/ Babyloniern/ Parthern/ Persern/ Griechen/ und deren Nachbahren/ Römern/ Teutschen/ Britanniern/ Schotten/ Maurusiern/ Numidiern/ Indianern/ Sinesern &c.

Unter den Christen hat er den Kayser Valentinianum und den Prete Gianni. Wie denn auch von den Türcken eine General Erinnerung.

Was ist aber hierauff zu sagen? Hetten gar nöthig hierauff zu antworten/ weil die *Major propositio* oder der erste Satz das vor ein Völcker-Recht hält/ was eigentlich kein Völcker-Recht ist/ nemlich das/ was da fast bey allen Völckern im Brauch. Man schaue an in meiner Antwort auff die II. Frage das 9. principium. Ich will aber doch auch etwas bey der *Minore propositione* oder bey den andern Satz erinnern.

I. Das die Juden und auch einige Heyden den cœlibat verworffen/ beweiset noch nicht die Nothwendigkeit der Polygynie nach ihren principiis. Lebet doch auch der/ welcher nur ein eintziges

Weib

Weib hat/ auſſer dem cœlibat: wiewol ſich auch hie wieder die Lehre von Nothwendigkeit den cœlibat gäntzlich zu meiden/ genug diſputiren lieſſe: aber das haben ſchon andere vor mir außführlich gethan. Zu was Ende handelt denn Theoph. Aleth. §. VIII. und IX. wie auch §. XXXVII. von Verwerffung des cœlibats bey Juden und Heyden? davon iſt hie ja nicht der Streit.

2. Das die Juden nebſt Verwerffung des cœlibats das nehmen vieler Weiber beliebet/ iſt wahr/ wie nicht nur der vom Theoph. Aleth. §. V. angezogene Joſephus, ſondern auch GOttes Wort/ imgleichen die Väter der Chriſtl. Kirchen (unter andern *Juſtinus Martyr. in Dial. cum Tryphone p. 285. & 291. edit. Sylburg. a. 1593.*) dann die Talmudiſche und Rabbiniſche Schrifften hievon Nachricht ertheilen. Man leſe *Selden. de J. Nat. & G. juxt- Diſc. Ebr. l. V. c. 3. & 6. ac lib. I. Uxor. Ebr. c. IX.* da weiß aber auch der Theoph. Aleth. wol/ daß nicht alles recht geweſen/ was die Juden beliebet. Were es alles recht geweſen/ was ſie beliebet/ hette Chriſtus nicht nöthig gehabt ſie ſo ſehr als er gethan/ wegen ihrer Lehre und Lebens zu ſtraffen. Ihre vielfältige ungegründete Satzungen ſind bekant. Hierunter gehören auch die Satzungen von der Zahl der Weiber/ da etliche dieſelbe nicht determiniren wollen/ ſondern unzehlich viele Weiber zulaſſen/ etliche aber dem gemeinen Mann nicht mehre als

ihrer

ihrer viere/ dem Könige nicht mehr als achtzehn/ dem Hohen-Priester aber nur eine eintzige verstatten/ davon bey erwehntem *Seld. in Uxor. Ebr. l. I. c. 8. & 9.* Wir fragen sie aber billig/ wo sie Grund solcher Satzungen in GOttes Wort haben. GOttes Satzungen müssen da seyn. Menschen-Tand achten wir nicht. Aber wie? haben nicht auch die Juden bey diesen ihren Satzungen Wiedersprecher unter ihren eigenen Glaubensgenossen gehabt? Höret *Seldenum l. c. 9. p. 63.* Non defuere, qvi ex ipsa Lege etiam binas Uxores Israëlitam simul retinere fas non putarent. Rabbi Ami Gemar. Babylon. ad tit. Jabimoth. cap. 6. fol. 65. a. כל חנושא אשה על אשתו יוציא ויתן כתובה: *qvisqvis uxari xorem superinduxerit, oportet eum priorem divortio ejicere cum dote.* Alii etiam ex illa de binis sororibus lege *(Levit. 18.)* idem probare volebant. Das ist/ es hat auch solche unter den Juden gegeben/ die es auch nach dem Gesetz für unrecht gehalten/ daß ein Israeliter zwey Weiber zugleich hette. Rabbi Ami spricht: wer ein Weib zum andern nimpt/ der muß das erste mit dem Brautschatz ihre Wege gehen lassen. Andere haben dieses auch aus dem Gesetz von 2. Schwestern (Levit. 1 davon ich droben gehandelt) erweisen woller

Un

Und ob gleich solche von den andern für Ketzer gehalten/ so thut doch dieses gantz nichtes zur Sachen. Wer den rechten Verstand des Göttlichen Wortes zum Grunde seiner Lehre hat/ der ist kein Ketzer. Genug daß es klar/ es haben auch einige unter den Juden selbst die Polygynie nach dem allgemeinen Göttlichen Gesetz für unrecht gehalten. Wie kompt denn doch wol Theoph. Aleth. darzu/ daß er §. LXXVI. den Mund so gar weit auffthun darff/ wenn er ohngescheut also schreibet: Omnes (Judæi) in eo concordabant, Polygamiâ nullô modô contrariari legi divinæ, alle Juden NB. kamen darin überein/ daß das nehmen vieler Weiber keines weges dem Göttlichen Gesetz zu wieder. Sind denn die vorhinterwehnte Juden keine Juden gewesen? Conf. *Selden. l. c. p. 67.*

3. Von den Heyden gestehen wirs Theoph. Alethæo gerne/ daß es unter ihnen theils vormahls verschiedene Vielweiberige gegeben/ theils auch noch heutiges Tages unter ihnen solche gebe. Aber da nimpt man dieses fast nur in den Morgen-Ländern wahr: wie denn auch die meisten Exempel/ so Theoph. Aleth. angezogen/ solche sind. Sehet Theoph. Alethæi eigenes Bekäntnuß §. LXXXIX. p. 163. med. Das die Römer (die trauen nicht die einfältigste unter den Heyden gewesen) biß auff Julium Cæsarem, und also in die 700 Jahr vom Ursprung ihrer Stadt

das

das nehmen vieler Weiber nicht im Brauch gehabt/ kan Theoph. Aleth. selbst nicht leugnen. *vid. §. XIII.* Es will zwar Theoph. Aleth. die Schuld auff den Mangel der Weiber geben/ weil ja die Römer einsmahls aus Mangel der Weiber die Töchter der Sabiner ihren Eltern mit Gewalt entführen müssen. Ist aber nicht diese Entführung alsobald nach Erbauung der Stadt Rom geschehen? und es solte von der Zeit biß auff Julium Cæsarem nicht Weiber genug zu Rom haben geben können? die Muthmassung/ so sonsten hiebey Theoph. Aleth. hat/ daß das nehmen vieler Weiber wegen der Weiblichen Privilegien nachgeblieben/ ist eine blosse Muthmassung ohne Beweiß. Es hat unterdessen auch nicht eben seine vollenkommene Richtigkeit mit dem/ was Theoph. Aleth. l. c. vom Julio Cæsare vorbringet. Seine Worte sind diese: Julius Cæsar, superbiâ mulierum probè perspectâ, legem, ut Svet. in vit. refert, tulit, ut liberorum qværendorum causâ, qvod vellet qvisq; uxores ducere, facultas foret. Das ist/ Julius Cæsar, nachdem er der Weiber Hochmuth bey sich erwogen/ hat ein Gesetz/ wie Svet. in seinem Leben meldet/ gegeben/ daß einem jedē solte vergönnet seyn/ umb Kinder zu zeugen/ soviel Weiber zu nehmen/ als er wolte. Muß billig anstehen/ ob Theoph. Aleth. den Svetonium selbst gelesen oder nicht (betreffe ihn ja auch sonsten öfters/

ters/ daß er das alte nur aus neuen Scribenten/ und mannigmahl gantz seltzam genom̃en) weil diß also/ wie ers anführet/ im Svetonio nicht stehet. Ich finde im *Svetonio* cap. 52. vitæ Julii eine solche relation: Helvius Cinna Trib. plebis plerisq; confessus est, habuisse se scriptam paratamq; legem, qvam Cæsar ferre jussisset, cum ipse abesset, uti uxores, liberorum qværendorum causâ, qvas & qvot vellet ducere liceret. Ac ne cui dubium omnino sit, & impudicitiæ eum & adulteriorum flagrasse infamiâ, Curio pater qvâdam eum oratione omnium mulierum virum & omnium virorum mulierem appellat. Das ist/ *Helvius Cinna* ein *Tribunus plebis* hat ihrer vielen entdecket/ daß er fertig gehabt ein geschriebenes Gesetz/ welches *Cæsar* habe wollen in seinem Abwesen *publiciret* haben/ nach welchem/ umb Kinder zu zeugen/ vergönnet seyn solte Weiber zu haben/ welche und so viel man wolte. Und damit niemand zweiffele (thut *Svetonius* hinzu) daß er (Cæsar) wegen Unkeuschheit und Ehebruchs übel berüchtiget gewesen/ so hat ihn ja jener *Curio*, der Vater/ in einer Rede aller Weiber Mann und aller Männer Weib genant. Sehen wir diese Worte recht an/ so erhellet daraus 1. das zwar ein solches Gesetz Cæsaris publiciret werden sollen/ aber doch nicht publiciret: 2. Das

Cæsar

Cæsar nicht umb der Weiber Hochmuths/ sondern zweiffels ohne umb seiner eigenen Geilheit willen ein solches Gesetz zu publiciren resolviret: wie denn umb eben einer solchen Ursache willen vormahls jener Evenus, der III. dieses Nahmens/ König in Schottland/ dergleichen Gesetz/ nach *Buchanani* bericht *lib. 4 Rer. Scoticar. pag. 109* gegeben hat/ wovon *Buchanani* Worte also lauten: Evenus non contentus centum é nobilitate concubinis, ni suam spurcitiem, latis legibus, in vulgus, proderet. Tulit enim, ut cuivis liceret, pro opibus qvot alere posset, uxores ducere: ut rex ante nuptias sponsarum nobilium, nobiles plebejarum prælibarent pudicitiam, das ist/ Evenus war nicht zu frieden mit seinen 100 Adelichen Concubinen: er gab noch darzu/ damit ja seine Unflätterey Kundbahr würde/ ein Gesetz/ daß ein jeder nach vermögen so viele Weiber nehmen möchte/ als er ernehren könte &c. Es hat aber Theoph. Aleth. l. c. sonsten noch etwas von den Römern/daß es nemlich/ ob es gleich bey ihnen vor Cæsaris Zeiten nicht im Brauch gewesen viele Weiber zu nehmen/ dennoch vor der Zeit schon frey gestanden/ eine Concubin bey der rechten Frauen zu halten. Allein daß auch dieses wo nicht gar falsch/ dennoch zum wenigsten sehr ungewiß sey/(was das licere, das daß Wort findet man beym Theoph. Aleth. das Freystehen betrifft) kan geschlossen werden aus dem/ was in des gelehrten JCti *Barn.*! *Brissonij tract. de Jure Connubior. p. 273.* gelesen wird/ dahin ich denn meinen Leser verweise. Unter den Griechen/ die nicht weniger/ als die Römer/ ein Polites Volck gewesen/ hat zwar Theoph. Aleth. §. XII. auch Exempel der vielweiberigen gefunden: allein es ist dennoch gleichwol auch bekandt/ daß Cecrops ein König derer von Athen außdrücklich die polygynie verboten. *V. Selden. de J. N. & G. jnxta disc. Eb. l. V. c. 6. p. 587.* und *Th. Aleth.* selbst *p. 163.* kan unterdessen hiebey nicht ungemeldet lassen/ das Theoph. Aleth. wenn er die Vielweiberige unter den Griechen und ihren Nachbahren præsentiret/ auch der Huren-griffe dabey nicht vergessen/ wie er denn unter andern/ da er auff den Herculem kompt *in f. p. 17.* die Vielweiberey des Herculis zu beweisen/ anzeiget/ *qvod filias Thestei NB. vitiarit,* daß er des Thestei Töchter geschändet. Ich meine/ Theoph. Aleth. wolle ja eben darumb das nehmen vieler Weiber in seinem discurs unter andern behaupten/ damit er der Hurerey desto besser wehre. Woher kompt er denn nun doch hierzu? Aber wer kan hie das stabulum Augiæ in Theoph. Aleth. Discurs gantz und gar mit dem Hercule außfegen? Wir haben noch nöthigere Sachen vor-

G iv zubrin-

zubringen/ sonsten liesse sich sehr viel von den übrigen aus profan scribenten beym Theoph. Aleth. angezogenen Exempeln reden. Mit dem/ was er von den Teutschen aus dem bekandten Buch des Taciti vorgebracht/ hette er woll mögen daheim bleiben/ weil dieses ja gantz und gar nicht in seinen Weiberkram dienet. Wir kommen zu den Christen Exempeln. Theoph. Aleth. produciret den Kayser *Valentinianum*, der nicht nur zwey Weiber/ Severam und Justinam, genommen/ sondern auch ein Gesetz gegeben/ daß es frey stehen solte zwey Weiber zu nehmen. Hat er gelesen/ was bey dem von ihm selbst citirten *Baronio ad A.C. 370.* (die Zahl soll es seyn/ nicht aber/ wie beym Theoph. Aleth. stehet: 170.) §. 125. hievon verhanden/ so wird er nicht mehr sagen können/ wie er thut: nobis sufficit, qvod Socrates & Paulus Diaconus hoc nobis reliqverint, nur ists genug / daß *Socrates* und *Paulus Diaconus* dieses zeugen. Das Socrates, aus dem Diaconus und andere diß genommen/ in diesem Stücke kein tüchtiger Zeuge/ hat Baronius zur genüge dargethan. Fehlets dem Wiederpart am Baronio selbst/ so lese er nur *Spondani Epit. ad A. 370. §. XIX.* Und gesetzet/ daß gedachter Valentinianus nicht nur zwey Weiber zugleich gehabt/ sondern auch ein Gesetz von Freyheit zwey Weiber zu haben gegeben/ so

findet

findet man doch nirgends/ daß umb selbige Zeit die Polygynie unter den Christen im schwange gegangen: ja es haben nicht lange nach Valentiniani Zeit die berühmbte Keyser Theodosius, Arcadius und Horonius *l. nemo C. de Judæis & Cælicol.* also decerniret: Nemo Judæorum morem suum in conjunctionibus retineat, nec juxta legem suam nuptias sortiatur, nec in diversa sub uno tempore conjugia conveniat, das ist/ es soll kein Jude zu einer Zeit viele Weiber haben: zugeschweigen/ was Justinianus, darauff weiter geordnet Nov. 70. Ἐς ἣν νεμίμα συνοικεῖ γυναικὶ, ἄλλας ἐπαχσάγειν οὐκ ἂν δύναιδο, hat jemand eine rechte Frau/ so kan er keine andere zu ihr in das Hauß bringen. Were nun Valentinianus ein solcher Gesetz-Geber/ als Theoph. Aleth. haben will/ gewesen/ muste man sagen aus des Aristotelis Ethicis an den Nicomachum, μία χελιδὼν ἔαρ ὐ ποιῶ, eine einzige Schwalbe machet keinē Sommer. Doch es hat ja auch der *Prete Gianni* (wie Theoph. Aleth. p. 22. meldet) König in Æthiopien, der auch ein Christ/ vier Königliche Weiber. Aber wie? Ist das sonderlich Wunder/ da dieser in Africa, mitten unter Barbarischen Völckern/ lebet? Was sonsten die Unterthanen dieses Königes betrifft/ referiret D. Joachim

achim Hildebrandus lib. de Nuptiis veteri Christianorum lit. D3. aus dem Itinerario Æthiopiæ Alvarezii, daß die Reiche und Vermögene unter denselben zwey oder drey Weiber nehmen/ und werde ihnen dieses vom Könige und der Weltlichen Obrigkeit vergönnet. Was stehet aber alsobald dabey? In der Kirchen (stehet dabey) ist diß verboten: denn alle die mehr als ein Eheweib nehmen/ dörffen nicht in die Kirche kommen/ werden auch nicht zur Communion oder einigen Sacramenten gelassen/ sondern man hält sie vor excommuniciret und als Verbannete. Dem sey indessen wie ihm wolle/ in der Confessione fidei & religionis Æthiopum, welche die Æthiopischen Königes David Gesandter Zaga Zabo an Johannem III. König in Portugal im vorigen Seculo auffgezeichnet/ finde ich außdrücklich diese Worte: *Tam laici qvàm clerici unam tantùm possident uxorem,* so wol die Weltliche als die Geistliche haben nur eine eintzige Frau. *V. append. Orat. Dav. Chytræi de Statu Ecclesiar. in Græcia, Asia &c. p. 126.* Es stecket unterdessen allhie Theoph. Aleth. (welches obiter anzeige) nebst vielen andern in einem Irrthum/ wenn er diesen König in Æthiopien Prete Gianni oder Pretejannem nennet/ weil der König dieses Nahmens vormahls im Asiatischen Reich Tenduc, nicht aber in Æthiopien/ so in Africa

frica lieget/ regieret hat/ davon hin und wieder bey gelehrten Erdbeschreibern.

Was die Türcken in diesem Stücke lehren und thun/ daran ist uns wenig gelegen. Es handelt sonst von ihren die Zahl der Weiber betreffenden Gesetzen der offtgemeldte Seldenus in Ux. Ebr. lib. l. c. 9. p. 64. &c.

Vom Natur- und Völcker-Recht soll es nun jetzo gehen zum Göttlichen Recht/ da es sich denn fraget/ ob Theoph. Aleth. es klar behauptet/ wie er davor will gehalten seyn/ daß

III. Nach dem Göttlichen Recht die Polygynie nicht nur zuläßig/ sondern auch nothwendig?

Wir wollen seine Gründe nacheinander/ jedoch kürtzlich/ so viel wir können/ durchwandern. Seine die Sache selbst betreffende Hauptgründe (denn sonsten menget er auch ein hauffen ἀλλότρια mit unter/ wie der/ welcher seine Schrifften gelesen/ weiß) sind diese:

I. In des 1. B. Mos. I. c. v. 28. lautets also: Seyd fruchtbar und mehret euch/ und füllet die Erden. c. IX. v. 7. stehet dabey: daß euer viel darauff werden. Hieraus schleust Theoph. Aleth. §. XX. also:

Denen da befohlen wird fruchtbar zu seyn/ sich zu mehren/ und die Erde zu füllen/ denen wird befohlen dieses zu thun auff die beste

beste und bequemste Art/ verstehe auff eine rechtmäßige/ oder solche/ die der Heil. Schrifft (als welche das höchste Gesetz ist) nicht zu wieder laufft.

Nun ist unsern ersten Eltern/ Adam und Noah/ und in ihnen/ als den Stämmen/ allen ihren Nachkommen befohlen fruchtbahr zu seyn/ sich zu mehren/ und die Erde zu füllen.

Darumb ist es diesen befohlen auff die vor erwehnte Art zu thun.

Die Prosyllogismi sind (wie sie Theoph. Aleth. machet) diese:

1) Welche Art sich zu mehren rechtmäßig ist (oder nach dem Gesetz vorgenommen wird) die ist die beste.

Nun ist die Art durch viele Weiber sich zu mehren rechtmäßig (oder eine solche/ die nach dem Gesetz vorgenommen wird) darum ist die Art durch viele Weiber sich zu mehren die beste.

Des andern Satzes Grund soll seyn das Recht (Gesetz) GOttes: Seyd fruchtbahr und mehret euch.

Antwort auff den Grund des andern Satzes/ daß derselbe von Theoph. Aleth. mißbrauchet werde/ sintemahl er ja allhie à non distributo

ad dead distributum, à conceptu determinabili ad conceptum determinantem (daß ich mit den Schulen rede) das ist/ in der application à multiplicatione in genere imperatâ ad multiplicationem per plures uxores simul habendas, argumentiret: welches gantz ohngereimt. Die einfältige mögen diß also fassen. Es folget nicht: mir ist befohlen dieses oder jenes zu thun/ mir ist befohlen mich zu mehren: Darumb ist mir befohlen dieses oder jenes auff allerley Art und Weise zu thun/ darumb ist mir befohlen mich durch viele Weiber zu mehren. Das allhie der actus multiplicandi sese per conjugium, das ist/ die Vermehrung durch den Ehestand an und vor sich selbst befohlen sey/ das können wir endlich dem Th. AL. wol gestehen (ob ich; gleich beym Luthero im Buch vom Ehelichen Leben T. II. Jen. Germ. fol. m. 163. a diese Worte finde: diß Wort/ das GOtt spricht: wachset und mehret euch/ ist nicht ein Gebot/ sondern mehr denn ein Gebot &c.) allein das allhie præcisè die Vermehrung durch viele Weiber befohlen sey/ oder daß selbige mir darin vergönnet sey/ das wird mir Theoph. Aleth. wol unerwiesen lassen: Die Zahl der Persohnen/ durch welche dieser Befehl vom mehren des Menschlichen Geschlechtes zu exeqviren/ ist klar genug in andern Schrifftstellen angezeiget/ davon zuvor. Ohne ist es nicht. Wenn wir des Tertulliani *exhortat. ad castitat.*

auffschla-

auffschlagen/ so schreibet zwar auch er unter andern in demselben: *Nobis quoque licebit innumerum nubere - - si etiam nunc locus est vocis illius: Crescite, & multiplicamini,* das ist/ auch wir können viele Weiber nehmen ͚ ͚ wofern noch statt haben diese Worte: Seyd fruchtbahr und mehret euch (welchen Spruch des Tertulliani zweifels ohne Th. Aleth. wenn er ihn gewust hette/ für sich würde angezogen haben:) allein da gestehets gleichwol an gedachtem Orte Tertullianus nicht/ daß diese Worte noch statt haben/ sondern streitet vielmehr dawieder. Die Judē gebrauchen sich sonsten hin und wieder in ihren Büchern dieser Worte GOttes: Seyd fruchtbahr und mehret euch/ die Nothwendigkeit des Ehestandes/ nicht aber/ so viel mir wissend/ die Nothwendigkeit der Vielweiberey damit/ wie Theoph. Alethæus thut/ zu behaupten. Leset unter andern *Buxtorf. de Sponsal. & Divort. p. 8.* und insonderheit *Selden. de J. Nat. & Gent. l. V. c. 3.* weil nun der Beweiß des Th. Al. bey dem andern Satz des ersten Prosyllogismi nichtig/ als ist auch nichtig desselben Schluß: daß nemlich die Art durch viele Weiber sich zu mehren die beste sey. Doch er hat noch einen andern prosyllogismum, der §. XXI. also heisset:

2) Durch welche Art ein Mann in einem

nem Jahr viele Kinder zeugen kan/ die ist die bequemste Art sich zu vermehren.

Nun kan ein Mann durch die *Polygynie* in einem Jahr viele Kinder zeugen.

Darumb ist diese Art/ die bequemste Art sich zu vermehren.

Oder:

Welche Art sich zu vermehren am besten mit der Männer und Weiber Natur übereinskompt/ die ist die bequemste Art. Nun kompt die Art durch die *Polygynie* sich zu vermehren am besten mit der Männer und Weiber Natur überein. Darumb &c.

Antwort.

(1) Unter dem ersten Satz der ersten Schlußrede läst sich also subsumiren: Es kan ein Mann durch die Hurerey in einem Jahr viele Kinder zeugen. Darumb ist die Art durch Hurerey Kinder zu zeugen die bequemste Art. Ja freylich unserm sündlichen Fleisches willen wol die bequemste Art/ aber nicht dem Willen GOttes. Weil nun aber Th. Aleth. hin und wieder die Hurerey vor höchst verdammlich hält: so muß er entweder in eine subsumtion unter seinen ersten Satz/ oder seinen ersten Satz selbst leugnen. Die subsumtion kan er ohnmöglich leugnen. Tauget dannenhero sein erster Satz/und also auch sein Schluß nicht. Er muß diß selbst gerochen haben. Dannenhero/wenn er §. XXXVI. auch einen Schluß aus

aus den Worten: Seyd fruchtbahr und mehret euch/ machen will/ machet er ihn also:

Wer sich vermehret nach allen ihm von von GOtt verliehenen Kräfften/ der erfüllet/ cœteris paribus (das ist/ wie ers selbst alsobald erkläret/ wenn dieses sonsten nirgendswo verboten) den heiligen Willen GOttes.

Nun vermehret sich ein Vielweibiger nach allen ihm von GOtt verliehenen Kräfften.

Darumb erfüllet auch ein Vielweibiger/ cœteris paribus, den heiligen Willen GOttes.

Gibt uns hiemit selbst an Hand die limitation, deren wir uns auch hie bedienen können.

Durch welche Art ein Mann in einem Jahr viele Kinder zeugen kan/ die ist die bequemste Art sich zu vermehren/ cæteris paribus, wenn diese Art sonsten nirgendswo verboten.

Nun ist aber ja die Art durch die Polygynie Kinder zu zeugen verboten in GOttes Wort/ wie wir droben dargethan. Was will denn jetzo Theoph. Aleth. allhie folgern?

Gleicher gestalt ist zu urtheilen von der andern Schlußrede: denn da muß ebenfals bey dem ersten Satz: welche Art sich zu vermehren am besten mit der Männer und Weiber Natur übereinkompt/ die ist die bequemeste Art; eine solche limitation stehen: wenn diese Art sonsten nirgendswo verboten. Mit einem

Worte:

Worte: es confundiret allhie Theoph. Aleth. das posse physicum & morale, das natürliche und das gebührliche können. Von jenem lässet sich keine Folgerey auff dieses machen. Was sich gebühre in diesem Fall zu thun/ daß müssen uns die Worte der Einsetzung des Ehestandes/ und andere/ so denselben gleichförmig sind/ sagen: und/ wenn wir denn dieselbe ansehen/ so zeigen sie uns keine andere Art die Welt mit Kindern ordinarie zu vermehren/ als durch einen Mann und ein Weib. (2) Wolte man aus dem Befehl GOttes sich in der Ehe zu vermehren so crudè, wie Theoph. Aleth. allhie und insonderheit §. XXXVI. thut/ schliessen/ daß/ je mehr man sich vermehre/ je mehr komme man GOttes Befehl nach/ so muste man aus andern Befehlē GOttes dieses oder jenes zu thun dergleichen schliessen/ zum Exempel/ wenn Christus bey Einsetzung des Heil. Nachtmahls seinen Jüngern zu essen und zu trincken befiehlet/ muste man aus diesem Befehl schliessen/ daß/ je mehr gegessen und getruncken werde/ solte es auch auff eine Schwelgerey und Vollsaufferey hinaußlauffen/ je mehr lebe man dem Befehl Christi nach/ da doch der excess in diesem Stück ohnleugbar tadelns=und scheltens wehrt/ nach dem XI. des 1. Br. an die Cor v. 21. (3) So ist ja auch bekandt die Schul=Regel: Præcepta affirmativa valent semper, sed non ad semper, das ist/ die Gebote gelten allezeit/ aber doch
nicht

nicht auff alle particeln der Zeit: da im Gegentheil die præcepta negativa, das ist/ die Verbote auch auff alle particeln der Zeiten gehen. Nun ist ja aber dieses: Seyd fruchtbahr und mehret euch/ kein Verbot/ sondern ein Gebot. Was denn nöthig/ daß ein Mann ohn unterlaß sich zu vermehren trachte? Genug/ wenn ers so offt thut/ als er mit einem ihm von GOtt gestateten Weibe thun kan. (4) Und trauen/ daß das viele vermehren in diesem Stück an und vor sich selbst GOtt dem HErren nicht eben gefälliger sey/ als das wenige oder mittelmäßige vermehren/ kan zum wenigsten (wenn ers sonsten nicht wissen will) Theoph. Aleth. darauß wissen/ das GOtt ja dem Könige in Israel Deut. XVII, 17. außdrücklich befohlen/ daß er nicht viele Weiber nehmen solle. Were an und vor sich selbst das viele Vermehren GOtt dem HErrn gefällig/ so würde GOtt dem Könige in Israel die vielen Weiber (dadurch ja die Vermehrung am besten geschehen kan) nicht verboten haben/ gesetzet/ daß ein König mehr als ein Weib vormahls nehmen dürfen/ davon hernacher mit mehren. Lasset uns aber schreiten zum andern Hauptschluß.

II. Welche Art sich zu vermehren weder durch ein klares general Gesetz im Decalogo (in den X Geboten) noch durch eine pecial Erklärung in den Büchern Mosis/ in den

POLYGYNIA.

den Propheten/ Psalmen und Aposteln/ noch in den Exempeln deren/ die sich solcher Art bedienet/ verboten/ noch Mund- oder würcklich gestraffet worden/ die muß auch dem Worte Gottes nicht zu wieder seyn.

Nun ist die Art durch viele Weiber sich zu vermehren eine solche.

Darum muß die Art durch viele Weiber sich zu vermehren dem Worte Gottes nicht zu wieder seyn.

Dieses stehet beym *Theoph. Aleth.* § *XXII.*

Antwort.

Erinnere/ ehe ich auff die Propositiones dieser Schluß-Rede Antwort gebe/ bey der Conclusion oder bey dem Schluß/ daß/ wenn wir gleich selbigen zugeben wolten/ (das wir doch nicht thun) so sey doch einanders/ daß die Art durch viele Weiber sich zu vermehren dem Worte Gottes nicht zuwieder/ ein anders/ daß sie nach demselben nohtwendig/ wie Theoph. Aleth. hin und wieder haben wil. Der Unterscheid zwischen diesen Propositionibus ist aus den Terminis klar. Dem sey aber/ wie ihm wolle/ wir antworten:

1. Auff das erste Theil in dem andern Satz/ daß es falsch/ daß die Art durch viele Weiber sich zu vermehren weder durch ein klares General Gesetz im Decalogo (in den X Gebeten) noch durch eine special Erklärung in den B. Mosis

H ii in den

in den Propheten / Psalmen uñ Aposteln verboten. Denn da hat man ja (α) in dem 2 des I. und im XVIII. des III. B. Mosis/ nicht weniger beym Apostel und Evangelisten Matthæo im XIX, wie auch beym Apostel Paulo im VII, des 1. Br. an die Corinth. ein solches verbot/ wie aus dem/ was zuvor geschrieben/ offenbahr. Und weil beym Matth. im XIX. cap. die Polygynie außdrücklich von Christo selbst ein Ehebruch genennet wird/ als stehet hieraus zu schliessen/ daß die Polygynie (β) auch wieder das General Gesetz/ so in den X Geboten enthalten: es were denn sache/ das man sagen wolte/ Christus habe nicht gewust/ was er einen Ehebruch nennen solte. Doch es desideriret Theophilus Alethæus etwan/ daß im Decalogo klar stehen solle: Du solt nicht mehr als ein Weib haben. conf. §. XLVI. des Disc. Polit. Aber genug/ daß darin stehet: Du solt nicht Ehebrechen. Unter diesem Verbot sind alle unzuläßige Eheverbindungen begriffen/ die denn specialiter an andern Oertern der Schrifft nahmkündig gemachet werden. Oder wil etwan Theoph. Aleth. daß unter dem Worte: Ehebrechen/ nichtes anders zu verstehen sey/ als bey eines andern Eheweibe schlaffen? So wil ers freylich §. XXV. Aber wie? was würde auff die Weise doch wol von der Hurerey zu sagen seyn? die müste man/ bey des Theoph. Aleth. hypothesi, vor

nichtes

nichtes unrechtes nach dem Decalogo halten/ weil ja selbige im Decalogo nirgends verboten/ dafern sie nicht verboten durch die Worte: Du solt nicht ehebrechen. Ferne aber sey es/ daß wir sagen solten/ es sey die Hurerey für nichtes unrechtes nach dem Decalogo zu halten. Stehet gleich darin nur vom Ehebrechen/ so wird doch hierunter auch das blosse Huren verstanden. Den Beweiß kan man unter andern haben bey dem Gelehrten *Spanhem. Dub. Evangel. P. III. Dub. CXLV.* conf. *Chemnit. P. II. LL. Theol. p. 89. edit. in 4to, it. Tremell. & Carthwright. ad Exod. XX.* weiter: were nichtes mehr in dem 6. Gebot des Decalogi verboten/ ohne was Theoph. Aleth. durchs Ehebrechen verstehet/ so würde fast nichtes von dem/ was sich im XVIII. Levit. findet in dem 6. Gebot des Decalogi verboten seyn/ und würde man auff die Weise allerhand Blutschande gestatten müssen. Gilt (γ) nichtes/ daß Theoph. Aleth. §. XXIV. einwendet/ es stehe zwar im X Gebot: Du solt nicht begehren deines Nehesten Weib; es stehe aber ja nicht darin: Du solt nicht begehren deiner Nähesten Mann.

Denn da habe er zur Antwort/ daß gleichwol auch nicht das Gegentheil darin stehe/ neml. Du solt begehren deiner Nähesten Mann. Sonsten ist zu wissen/ das der Decalogus beides

für

für das Weibliche und das Männliche Geschlecht gemachet/ und also/ was dem Männlichen Geschlecht nach dem Decalogo geboten oder verboten ist/ auch zugleich dem Weiblichen Geschlecht nach demselben geboten oder verboten sey. Hat denn Theoph. Aleth. nicht wol eher gelesen den Canonem Theologicum; Plus in Lege esse, qvam dici, cum genere speciem, cum specie genus, cum toto partem, cum parte totum, cum effectu causam, cum causa effectum, cum antecedente conseqvens, cum negatione affirmationem, cum relato correlatum, & vice versâ designari, das ist/ daß mehr im Gesetze sey/ als darin gesaget wird/ daß darin nebst dem *genere* auch die *species*, und nebst den *speciebus* auch *genus*, nebst dem gantzen auch die Theile/ und nebst dem Theilen auch das gantze/ nebst der Wirckung auch die Ursache/ und nebst der Ursachen auch die Wirckung/ nebst dem vorhergehenden auch das folgende/ nebst der Verneinung auch die Bejahung/ nebst dem *relato* auch das *correlatum*, und so auch umbgekehrt angedeutet werde. Sehet unter andern *Spanhem. l. c. p. 871. Gerhard. L. de Lege Dei §. 53.* Uns kan unterdessen wieder Theoph. Aleth. genug seyn/ daß er in seiner Schlußrede eine

special

special Erklärung der 10. Gebote in Mose und den Aposteln anzunehmen sich nicht entgegen seyn lässet: da er denn/ was das sechste Gebot/ in specie die Polygynie, als eine Sünde wieder dasselbe/ betrifft/ selbige beydes in Mose und den Aposteln/ wie aus dem obigen zu ersehen antreffen kan. Wir antworten aber auch

2. Auff den andern Theil im andern Satz/ daß es nicht folge: man lieset nicht von diesem oder jenem/ der sich durch viele Weiber vermehret/ daß er deßwegen Münd=oder Würcklich gestraffet worden: darumb ist das auch nicht geschehen. Non sequitur, qvia non scriptum, ideo non factum, schreibet ja sonsten Theoph. Aleth. selbst §. XXIX. p. 34. das ist/ es folget nicht/ weil es nicht geschrieben/ so ist es auch nicht geschehen. Weil Theoph. Aleth. sich wieder sein Vermuthen selbst geantwortet/ bedarff es unser Antwort nicht weiter. Es ist unterdessen dennoch gleichwol auch

3. Bey dem ersten Satz in Ansehung des andern Theils anzumercken/ wie es gleichsals nicht folge: diese oder jene Art sich zu vermehren ist in dem Exempeln deren/ die sich solcher Art bedienet/ weder Münd=noch Würcklich gestraffet worden/ darumb ist diese oder jene Art sich zu vermehren dem Worte GOttes nicht zu wieder. Denn 1. so hält ja GOtt mannigmahl

bey denen/ die wieder sein Wort handeln/ entweder mit der zeitlichen oder mit der ewigen/ oder auch wol mit beiderley Art Straffen nach Beschaffenheit der Sachen ein. 2. So ist es ja ausser streit wieder GOttes Wort sich durch zwo leibliche Schwestern zugleich vermehren. Kan man doch nicht einmahl eine leibliche Schwester nach der andern nehmen/ davon droben. Und doch lieset man nicht von Jacob/ der dieses gethan/ daß er eben deßwegen (daß er nemlich sich durch zwo Schwestern zugleich vermehret) Münd- oder Würcklich gestraffet worden. Es antwortet allhie Theoph. Aleth. was er wolle/ so wird entweder sein erster/ oder sein ander Satz noth leiden. Will er/ daß Jacob/ ob er gleich hierin wieder GOttes Gesetz gehandelt/ dennoch deßwegen nicht gestraffet sey/ weil man von der Straffe nicht eben in GOttes Wort lieset/ so leidet noth sein erster Satz; Will er aber/ daß er deßwegen/ ohnerachtet man von der Straffe in GOttes Wort nicht lieset/ dennoch gleichwol gestraffet sey/ so leidet Noth sein ander Satz. Was denn zu halten von seiner Schlußrede?

III. Aus dem/ daß das Weib eine Gehülfin und Gesellin genennet wird/ und daß sie aus der Rieben Adams erschaffen/ machet Theoph. Aleth. §. XXX. solchen Schluß:

Was da an statt eines Gesellen/ Gehülffen

hülffen und Rieben ist/ dessen Vielheit ist besser als die Einigkeit.

Nun ist das Weib in Ansehung des Mannes an statt eines Gesellen/ Gehülffen und Rieben.

Darumb ist der Weiber Vielheit besser als die Einigkeit.

Antwort.

1. Solte der erste Satz simpliciter wahr seyn/ muste nach den beiden ersten mediis terminis folgen/ daß auch der Männer Vielheit besser als die Einigkeit. Denn ich kan ja also darunter subsumiren: der Mann ist in Ansehung des Weibes an statt eines Gesellen und Gehülffen. Darumb ist auch der Männer Vielheit besser als die Einigkeit. Besser ist freylich solche Vielheit in den Augen vieler zum Ehebruch belieben tragenden Weiber/ aber nicht in den Augen GOttes. Es confundiret hier Theoph. Aleth. das was in gewissen Stücken nützlich und das was ehrbar/ das wodurch ein Werck leichter/ und das/ wodurch es rechtmäßig kan verrichtet werden. Wie? hat er denn in seiner Jugend nicht etwan des Ciceronis Officia gelesen/ und aus derselben 3. Buch gelernet/ honestum utili esse præferendum, daß das/ was ehrbar ist/ dem/ was nur allein in gewissen Stücken nützlich ist/ vorzuziehen sey? Wie? sind denn alle die Mittel rechtmäßig/ durch die

ich

ich leichter/ als durch andere/ ein Werck verrichten kan? Muß dannenhero 2. zu dem ersten Satz hinzugesetzet werden diese restriction: Wofern nicht die Vielheit wieder ein gewisses Gesetz.

Nun ist aber ja die Vielheit der Weiber wieder GOttes Gesetz/ wie vorhin erwiesen. 3. Den dritten medium terminum von der Rieben anlangend/ (davon Theoph. Aleth. auch §. XVII. und XVIII. gehandelt) finden wir zwar Gen. II, 22. daß das Weib aus der Rieben gebauet/ wir finden aber nicht darin/ daß das Weib dem Manne an statt einer Rieben/ wie es doch in andern Satz des Theoph. Aleth. lautet. Und dann so ist ja auch nur das erste Weib aus der Rieben gebauet. Will aber Theoph. Aleth. das Weib metaphoricè oder im verblümten Verstande eine Riebe nennen/ was kan er daraus für die Polygynie tüchtig schliessen? die eigentliche Rieben sind etwas innerliches/ die verblümte etwas äusserliches: zwischen dem innerlichen und äusserlichen aber findet sich ein grosser Unterscheid/ was die Nothwendigkeit betrifft. Und was? Solte hie das Gleichnuß von den Rieben statt haben/ so wolte ich schliessen/ weil GOtt dem Adam nur aus einer Rieben ein Weib gebauet/ das darumb dem Manne auch nur ein Weib zukomme. Una costa à principio in unam uxorem versa est, es ist anfänglich eine eintzige Riebe zu einem eintzigen

Weibe

Weibe geworden schreibet *Hier. l.1. adv. Jovin.* *p. 329. edit. Paris. a. 1624. Vol. I.* Allein wir schicken dem Theoph. Aleth. seine Rieben zu Hause. Er mag sehen/ wie er Weiber darauß mache. Unsers Ortes/ bekenne ich/ haben wir die Kunst noch nicht gelernet/ ex qvovis ut faciamus qvodvis. Solten die Jüdische Rabbinen (deren Nachfolger hierinn der berühmte *Christianus Ravius* ist in seinem vor 12. Jahren zu Upsal herausgegebenen *Specimine version. ad literam Geneseos.*) über ihn kommen/ die würden ihm nicht einmahl das gestehen/ das Eva aus der Rieben gebauet: weil ja selbige unter dem Hebreischen Worte: צלע nicht etwan eine Riebe/ wie wir/ sondern eine Seite verstehen/ und das vor halten/ das der erste Mensch anfänglich ein hermaphrodit gewesen/ an der einen Seiten ein Mann/ an der andern ein Weib/ biß GOtt die eine Seite von der andern getrennet/ und also zweene Menschen daraus gemacht. Diese mögen unterdessen thun/ was sie wollen/ (man kan wieder ihre Meinung unter andern nachlesen/ was da zu finden in des gelehrten *Pauli Slevogti Disput. 21. de Creat. primi hominis contra Ebræos à §. XIV.*) Theoph. Aleth. richtet auch/ wie gehört/ mit der Rieben nichtes aus. Wer sonsten lust hat von der Riebe Adams/ daraus Eva gebauet/ eine und die andere Frage erörtert zu sehen/

zu sehen / der kan nebst gedachtem *Slevogt* nach-
schlagen/ was bey H. D. *Aug. Varenio in Genes. Deç. III. Loc. VII.* wie auch beym *Othone
Casmanno in sec. parte Anthropologiæ de Fa-
brica hum. corpor. à p. 229.* stehet.

IV. Im XXXI. §. (man thue hinzu den vorhergehenden XXIV. §.) schleust Th. Al. nach anleitung der Schrifftstellen/ in welchen der Mann
des Weibes Herr genennet wird/ unter andern
nach Gen. III, 16.(daß ich recht deutliche Schlüsse
aus seinen Worten mache) also:

Ein Herr kan viele Knechte haben. Ein
Ehemann ist ein Herr.

Darumb kan ein Ehemann viele Knechte haben.

Weiter:

Kan ein Ehemann viele Knechte haben/
so kan er auch viele Weiber haben.

Nun kan er (vermöge der vorigen Schlußrede) viele Knechte haben.

Darumb kan er auch viele Weiber
haben.

Die Folgerey des ersten Satzes im Prosyllogismo wird damit bewiesen/ weil der Mann
in Ansehung des Weibes ein Herr/ und also auch
das Weib in Ansehung des Mannes ein Knecht
(Magd.)

Ant-

Antwort.

1. Auff den Schluß/ daß/ wenn darin stehet/ der Mann könne viele Weiber haben/ selbiges nicht einerley mit dem/ was sonsten Theoph. Aleth. vorgibt/ daß er müsse viele Weiber haben/ wenn nemlich die natürliche Kräffte da: und wird also hiemit Th. Aleth. noch nicht seine Hauptintention erreichen. 2. Auff den ersten Satz/ des Prosyllogismi, daß dessen Folgerey nichtig. Warumb? weil ich von einem Weibe sagen kan/ daß sie in Ansehung des Mannes nicht nur in gewisser maaße Knecht/ sondern auch in gewisser maaße Herr (wiederholet/ was vorhin in der Antwort auff die dritte Frage bey dem Spruch Pauli aus dem 7. des 1. an die Corinth. gelehrt:) Das kan ich aber von einem rechten Knechte nicht sagen. Und wie? Schreibet nicht Theoph. Aleth. selbst §. XXXI. daß die Herrschafft des Mannes dominium suave, amicabile, *non servile*, das ist/ eine liebliche und freundliche/ nicht aber NB. eine Knechtische Herrschafft sey. Conferiret H. *Musæum in Thesibus de Conjug. th. LXI.*

V. Aus der Historie des Lamechs Gen. IV, 19. &c. folgert Theoph. Aleth. §. XXXV. also: Welcher Gesetzgeber das erste nehmen vieler Weiber Mündenoch Würcklich straffet/ der hält das nehmen vieler Weiber für etwas zuläßiges/ oder für ein Mittelding. Nun hat

hat der höchste Gesetzgeber das erste nehmen vieler Weiber weder Mund- noch Würcklich an dem Lamech gestraffet.

Darumb hat selbiger dieses an dem Lamech für etwas zuläßiges/ oder für ein Mittelding gehalten.

Antwort:

1. Auff den Schluß/ daß darin von Zuläßigkeit und vom Mittelding stehe/ da doch die Nothwendigkeit des nehmens vieler Weiber sonsten Hauptsachlich vom Theoph. Aleth. intendiret wird. 2. Auff den andern Satz (ob gleich bey dem ersten auch wol etwas könte erinnert werden) (α) das GOtt im Gesetz bey Einsetzung des Ehestandes (davon daoben) eben dadurch das nehmen vieler Weiber mit Worten gestraffet/ daß er darin das nehmen vieler Weiber verboten: Diß Gesetz hat Lamech gar wol wissen/ und dabey leicht gedencken können/ daß/ wenn er dawieder handelte/ darauff eine Straffe gehöre: (β) wie folgets doch wol/ wir wissen nicht/ daß Lamech deßwegen gestraffet sey/ darum ist er auch nicht gestraffet? Non sequitur, qvia non scriptum, ideo non factum. Item, In historicis non licet negativè argumentari. Dieses sind ja Theoph. Alethæi selbst eigene Worte/ die er allererst im vorhergehenden XXIX. §. gebrauchet. Ist so viel: Es folget nicht/ weil es nicht geschrieben/ darumb

umb ist es nicht geschehen. Imgleichen: In Historischen Sachen kan man nicht Verneinungs-Weise schliessen. (γ) will Theoph. Aleth. wie er ja sonsten thut/ den Jüdischen Rabbinen Glauben zustellen/ so höre er/ was unter andern der gelehrte Don Isaac, Abarbenel schreibet in seinem Comment. in Legem. Er schreibet, fol. לו col: b. also: וזכר הכתוב

שלמך לקח לו שתי נשי׳ להודיע שלחוט
היה׳ אחר בולמס של עריות כי כלם
אכלו מעץ הדעת טוב ורע אכול ושבוע
והותר ולכן לא נסתפק למך באשה אחת
כמו שנסתפק אדם וחבל וקין אבל
לקח לו שתי נשים והיה׳ משפט אלהי
שנלקה׳ על ידיהם das ist/ die Schrifft

gedencket/ daß Lamech zwey Weiber genommen/ anzuzeigen/ daß er, gantz von Fleischlicher Begierde entzündet gewesen/ und daran nicht satt werden können/ weil ja männiglich vom Baum der Erkäntnuß gutes und böses gegessen / und das übermäßig. Dahero denn ein Weib dem Lamech nicht genug gewesen/ wie dem Adam/ Habel und Kain/ sondern er nam sich zwey Weiber/ es ist aber *NB.* GOttes Gericht darzu gekommen/ weil er umb ihrentwillen gestraffet worden. Und was? Ist dieses dem Lamech nicht Straffe ge-
wesen/

wesen/ daß seine familie in der Sündfluth zu Grunde gegangen/ wenn er gleich sonsten keine Straffe außgestanden? (δ) Es schleust Theoph. Aleth. darauß/ das Lamech Kinder gehabt/ die da gute Handthierungen erfunden/ er müsse ein gottseeliger und frommer Mann gewesen/ und also/ weil er von GOtt mit solchen Kindern gesegnet/ keines weges umb der Zweyweiberey willen gestraffet seyn/ wie ihn denn ja auch Chrysostomus einen guten und frommen Mann nenne. Sehet §. XXXII. und XXXV. aber wie? Schreibet nicht Theoph. Aleth. §. XXXII. p. 36. f. selbst: Inventores rerum bonarum sæpe sunt malæ notæ homines, das ist/ die Erfinder guter Sachen sind offt gottlose Leute. Ist dem so: warumb solte nicht auch ein Vater der Erfinder guter Sachen gottloß seyn können? Und was hindert denn/ daß/ ob gleich Lamechs Kinder die Viezucht/ die Music, und die Künst mit Metallen umbzugehen erfunden/ selbige nicht solten haben können gezeuget werden/ von einem gottlosen Vater/ und das ihr Vater nicht solte haben können von Gott gestraffet werden wegen der Polygynie? anlangend Chrysostomum, der den Lamech einen guten und frommen Mann nennen soll/ hat zwar Theophil. Aleth. nicht gezeiget/ an welchem Orthe ihn Chrysostomus also nenne: Ich finde aber dergleichen in seiner *XX. homil. in Genes. T. I. opp. edit. L. Ven. fol. 47. col. d.* allein so

das

daß Chrysostomus es eine piam prudentiam eine gottselige Klugheit heisset/ daß Lamech nicht nur seinen Todtschlag/ den er begangen/ bekant/ sondern sich auch selbst die darauff gehörende NB. Straffe dictirt. Wie kompt das aber bey dem/ das Theoph. §. XXXII. nicht einmahl zugeben will/ es habe Lamech einen Todtschlag begangen/ und diß zu beweisen Chrysostomum anzeucht/ der ihn einen guten und frommen Mann nenne/ gerade ob nennete Chrysostomus den Lamech simpliciter einen guten und frommen Mann/ da er doch nur in Ansehung seiner bußfertigen Bekäntnus des von ihm verübeten Mordes und der darauff zu erwartenden Straffe ihn pie prudentem einen gottselig klugen nennet. Der Leser lasse sich belieben den Chrysostomum selbst nachzuschlagen: so wird er sich hierin desto besser finden können. Theodoreti Meinung ist hievon *quæst.* 44. *in Genes. pag. 16. edit. Colon. 4.* 1567. Diese Pœnam evasit, propter peccati confessionem: & contra se terens sententiam evitavit sententiam divinam, das ist/ er ist der Straffe/ (verstehe/ die auff den Todtschlag gehöret) wegen Bekäntnuß seiner Sünde entgangen/ und/ in dem er selbst wieder sich das Urtheil gesprochen/ ist er entloffen dem Göttlichem Urtheil. Weis sonsten Theoph. Aleth. nicht (wie es scheinet/ daß ers nicht wisse/ weil er

J   ja nur

ja nur §. XXXIV. mit Jüdischen Fabeln auffgestiegen kompt) wie die Worte Gen. IV. vom Todschlage Lamechs zu verstehen/ so lese er nur ohnbeschwerde *Cartwright. ad b. l.* insonderheit H. D. *Varenium ad b. l.* wie auch H. *Christ. Ravium in Specim. verf. ad liter. Genef.* darin wird er deutliche Erklärungen dieser Worte finfinden. Kan uns sonsten endlich gleiche viel thun/ ob Lamech ein Todschläger gewesen/und ob er deßwegen eine Straffe außgestanden oder nicht. Genug/ daß wir wissen/ er habe zwey Weiber gehabt/ und daß er deßwegen/ als ein Ubertreter des Göttlichen Gesetzes/ (es were denn/ daß er ein *privilegium* gehabt) eine Straffe verdienet/ welcher er auch/ dafern GOtt nicht Gnade für Recht auff seine Buße ergehen lassen/ zweifes ohne nicht entgangen. Dienet also s) nichts zur Sache/ wenn Theoph. Aleth. §. XXXV. saget/ das andere auff die von GOtt ungestraffete Polygynie des Lamechs/ wenn er (unser Meinung nach) hieran gesündiget/ ohne Sünde der Polygynie sich gleichfals bedienen können. Man sinne weiter nach:

VI. Aus dem 17. v. des VIII. und aus dem 1. und 7. v. des IX. cap. im I. B. Mos. schleust Th. Al. §. XXXVI. also:

Wer sich vermehret nach allen ihm von GOtt verliehenen Kräfften/ der erfüllet/ *cæteris paribus* (das ist/ nach Theoph. Aleth. selbsteigenen Erklärung/ wenn dieses sonsten nirgends nirgendswo verboten.) Den heiligen Willen GOttes.

Nun vermehret sich ein Vielweibiger nach allen ihm von GOtt verliehenen Kräfften.

Darumb erfüllet auch ein Vielweibiger/ *cæteris paribus*, den heiligen Willen Gottes.

Antwort.

Was hierauff zu sagen/ das stehet schon in der Antwort auff die erste Schlußrede des Theoph. Aleth. aus dem 1. cap des 1. B. Mosis an diesem Ort ist nur zu erinnern/ das Theoph. Aleth. §. XXXVI. ohne Noth theils aus der Schrifft/ theils anderswoher es zu beweisen sich bemühet/ daß das nehmen vieler Manner verboten.

Wer leugnet ihm dieses? Er hat nur wollen Gelegenheit suchen/ umb sich zu ostentiren/ daß er auch hievon eins und das andere gelesen: ob aber er/ oder H. Pufendorf dasselbe observiret/ mag der Leser zusehen/ wenn er Lust hat *Th. Al. p.* 43. und 44. mit *Pufendorf. J. Nat. & Gent. p.* 767. 775. und 776. zu confeiren. Pufendortius wird hie abermahl außgeschrieben/ aber gar nicht genant.

VII. Im XXXVII. §. haben wir dieses:

Je mehr sich einer vermehret/ und die Erde füllet/ je mehr hält er GOttes Gebot.

Nun vermehret sich ein Vielweibiger mehr &c. als ein Einweibiger.

H ii Dar-

Darumb hält auch ein Vielweibiger mehr als ein Einweibiger GOttes Gebot.

Antwort.

Hierauff dienet eben das zur Antwort/ was auffs nechste Argument in der Antwort auff die erste Schlußrede geantwortet worden. Theoph. Aleth. thut hie zum Beweiß des ersten Satzes hinzu/ das GOttes Gebot nach allen Kräfften in acht zunehmen/ und das dannenhero nichtes/ was zum in achtnehmen desselben dienen kan/ zu unterlassen: denn/ wer da wisse gutes zu thun/ und thue es nicht/ der sündige: nun sey aber ja die Ehe etwas gutes/ weil GOtt gesprochen: Es ist nicht gut/ daß der Mensch allein sey. Ist wahr/ das GOttes Gebot nach allen Kräfften in achtzunehmen/ aber doch nicht wieder den Sinn GOttes: was aber in diesem Stück der Sinn GOttes/ das haben wir schon vielmahls gesagt. Anlangend/ das Theoph. Aleth. schreibet: die Ehe sey etwas gutes/ weil GOtt gesprochen: Es ist nicht gut/ daß der Mensch allein sey/ leugnen wir ihm dieses nicht/ aber doch nur dann/ wenn ers von einer nach GOttes Gesetz eingegangenen Ehe verstehet: wiewol es auch ein anders mit der Güte des Ehstandes vor/ ein anders mit der Güte desselben nach dem Fall: spricht doch Paulus 1. Cor. VII, 1. es ist dem Menschen gut/ daß er kein Weib berühre. Th. Aleth. lese/ was hierüber *Job. Calvinus* nicht ohne Grund commentiret hat. Wenn der

der Worte Calvini nicht zu viel weren/ wolte ich sie anhero setzen. Qvod bonum speciei, illud non semper bonum individuo. Thut hinzu H. D. *Varen. in Genes. Dec. III. Loc. VI. concl. 2.*

VIII. Das 12. wie auch das 20. cap. des 1. Buch Mosis muß Theoph. Aleth. (wenn er die Historie des Pharaonis und Abimelechs erweget) §. XXXIX. dienen zu einem solchen Schluß:

Was Pharao/ Abimelech und die Völcker/ so ihres gleichen/ die ehrbahr und züchtig genug nach dem Natur-Gesetz gelebet/ nicht vor Sünde gehalten/ das ist auch nicht für Sünde wieder das Natur-und wieder das demselben gleichförmige *Moral*-Gesetz zu halten.

Nun haben die Obgenandte &c. das nehmen vieler Weiber nicht vor Sünde gehalten.

Darumb ist auch das nehmen vieler Weiber nicht für eine Sünde wieder das Natur-und das demselben gleichförmige *Moral*-Gesetz zu halten.

Der Beweiß des andern Satzes bestehet darin/ das gedachte Persohnen/ da sie es vor Sünde gehalten die Sara/ da sie gewust/ daß selbige Abrahams Eheweib/ zu ihren Eheweibern hinzuzuthun/ dennoch es nicht für Sünde gehalten/ dieselbe/ da sie meineten/ daß sie nicht Abrahams

Eheweib/ sondern nur seine Schwester/ zu demselben hinzuzuthun.

Antwort.

1. Auff den ersten Satz/ daß es nicht alsofort nach dem Natur- und Moral-Gesetz recht/ was diese oder jene Heydnische Völcker/ ich geschweige denn nur eine und die andere Persohn/ nicht vor unrecht oder Sünde halten/ erhellet aus unserm IX. principio in der Antwort auff die II. Frage.

2. Den andern Satz betreffend/ kan Theoph. Aleth. es zwar vom Abimelech beweisen aus dem 17. v. des XX. cap. im I. B. Mosis, daß er/ wie er die Sara zum Weibe nehmen wollen/ ein Weib gehabt/ er kan das aber nicht gleichergestalt beweisen von Pharao aus dem XII. des I B. Mosis: und ist also zum wenigsten das Exempel Pharaonis allhie gantz impertinent. Der 17. vers im gedachten XII. cap. darin des Hauses Pharao Erwehnung geschiehet (woraus Theoph. Aleth. den Beweiß etwan holen möchte) will/ wie der Augenschein gibt/ nicht zureichen.

3. Was sonsten von den Entführungen der Weibes-Persohnen allhie beym Theoph. Aleth. stehet/ das gehet unser Hauptwerck gantz nicht an: Und zu was Ende kompt doch Theoph. Aleth. auch allhie mit der Erzehlung allerhand gemeine Nahmen verschiedener Könige in verschiedenen

POLYGYNIA.

denen Reichen auffgestiegen? stecket denn etwan auch hierin ein Geheimnuß für die Polygynie.

IX. Im XL. §. des Theoph. Aleth. wird aus dem 16. des 1. B. Mos. dieser Syllogismus gemacht:

Worin Abraham/ ein hocherleuchteter Mann/ und ein *familiarer* Freund GOttes seinem Weibe Sara gehorchet/ und von GOtt nicht gestraffet/ daß ist ihm nicht zur Sünde zugerechnet.

Nun hat Abraham ∵ seinem Weibe Sara im nehmen eines Weibes/ nemlich der Hagar/ zu ihr gehorchet/ und ist deßwegen nicht von GOtt gestraffet.

Darumb ist dem Abraham das nehmen der Hagar zu seinem Weibe Sara nicht zur Sünde zu gerechnet.

Antwort.

Ob gleich der erste Satz/ wenn er so blosser Dinge hingesetzet wird/ mit Instantien/ auch aus GOttes Wort/ könte umbgestossen werden/ so thue ich doch daßelbe jetzo nicht. Warumb? weil ich die *Conclusion* oder den Schluß des Syllogismi gar wol kan passiren lassen/ das nemlich/ dem Abraham das nehmen der Hagar zu seinem Weibe Sara nicht zur Sünde zugerechnet. Aber wie? Bin ich denn nicht zu liberal,

wenn

wenn ich dem Theoph. Aleth. dieses zugebe? So meinets Theoph. Alethæus. Darumb schleust er hierauff

X. In seinem XLI. §. folgender gestalt:

Was beym Abraham keine Sünde gewesen/ das ist auch keine Sünde bey uns.

Nun ist das nehmen vieler Weiber beym Abraham keine Sünde gewesen.

Darumb ist das nehmen vieler Weiber auch keine Sünde bey uns.

Antwort.

Der erste Satz ist falsch. Warumb? weil bey dem einen wol etwas eine Sünde seyn kan/ das da bey einem andern keine Sünde. Zum Exempel: das tödten ist eine Sünde bey einer privat Persohn/ so keine Nothwehr thut/ und ohne Befehl der Obrigkeit darzu greiffet: nicht aber bey einer von der Obrigkeit hierzu rechtmäßig befehligten Persohn. So wäre es auch dem Abraham vor keine Sünde zugerechnet/ wenn er gleich seinen eigenen Sohn getödtet hette/ dafern ihm von GOtt dieses beständig were aufferleget. Die Israeliter sündigten nicht/ da sie den Egyptiern daß ihre wegnahmen. Warumb? Weil sie es auff GOttes ihres Oberherren Befehl thaten. Eben also hie. Das Abraham mehr denn ein Weib genommen/ darzu hat er zweifels ohne nebst andern/ aus gewissen GOtt bekandten

Ursa=

Ursachen/ ein Privilegium gehabt. Sehet das 6. principium in der Antwort auff die II. Frage. Weil es aber uns heutiges Tages an solchem Privilegio fehlet/ ja weil uns Christus das alte Ehe-Gesetz beym Matth. im XIX. wiederholet/ und die jenige vor Ehebrecher will gehalten haben/ welche mehr denn ein Weib nehmen/ so ist es bey uns Sünde/ was bey Abraham und andern keine Sünde gewesen. Nehmet ein gleiches Exempel von der Ehescheidung. Die ist ausser Streit nach Christi Anzeige beym Matth, im XIX. cap. wie bey der ersten Ehestifftung/ also auch jetzo verboten. Hat nicht aber GOtt der HErr dieselbe auff ein Zeitlang gewissen Persohnen im A. T. zugelassen. Hat Theoph. Aleth hierauff eine Antwort/ so hat er auch eine Antwort auff seinen Schluß: wenn die Polygynie keine Sünde gewesen beym Abraham/ so ist sie auch keine Sünde bey uns. Was nicht merè juris naturalis, wie die Monogamie ja nicht simpliciter von der Beschaffenheit (wovon droben/) darin hat auch ein Göttliches Privilegium statt: welches Theoph. Alethæo eins vor alles bey den Exempeln der Vielweibrigen heiligen zur Nachricht gesaget sey. Und ist in dessen Betrachtung alles das jenige umbsonst/ was Theophil. Aleth. à §. XLII. der Länge nach anführet/ theils Abraham/ Jacob &c. bey ihrer Polygynie zu justificiren/ theils zu behaupten/ daß nicht nur ihre von den ersten/ son-

J v   dern

dern auch vō dē andern Weibern gezeugete Kinder
keine Hurenkinder gewesen/ theils darzuthun/ daß
weder ein zulaſſen noch ein diſpenſiren GOttes
(wenn die Polygynie nach unſer Meinung
eine Sünde) bey der Polygynie Platz finde/ all=
dieweil dieſes ein Zulaſſen oder diſpenſiren in dem/
was da wieder das eigentliche Natur=Recht
laufft/ ſeyn würde/ da doch/ wie droben erwieſen/
die Polygynie nicht ſimpliciter wieder das eigent=
liche Natur=Recht. Könten wir dannenhero/
wenn nur dieſes wol angemercket wird/ dem Theo-
oph. Aleth. gar viele jetzo folgende Schlußre=
den ohne unſerm Schaden zu Hauſe ſchicken/ weil
darin lauter ignorationes elenchi, und er ohne
Noth damit bey den jenigen auffgeſtiegen kompt/
deren Meinung iſt/ das gewiſſen Perſohnen die
wieder das Natur=Recht nicht ſimpliciter lauf=
ſende Polygynie vormahls vergönnet geweſen.
Wir wollen aber dennoch gleichwol/ damit Theo-
oph. Aleth. nichtes zu klagen haben möge/ nach=
einander ſeine Schlußreden weiter anhero ſetzen/
und eins und das andere dabey erinnern:

XI. Im XLII. §. ſchleuſt Theoph. Aleth.
**Was der Engel des HErren billiget/
das iſt keine Sünde.**

**Nun billiget der Engel des HErren das
Eheliche halten/ des Abrahams zu der Ha=
gar.**

Dar=

Darumb ist das Eheliche halten des Abrahams zu der Hagar keine Sünde.
Antwort.
Der Schluß ist zwar nicht wieder uns. Es kan aber doch unter andern bey dem andern Satz desideriret werden ein rechter Beweiß. Theoph. Aleth. beweisets l. c. daß der Engel des HErren Abrahams Eheliches halten zu der Hagar gebilliget/ damit/ weil nicht gelesen wird/ das der Engel des HErren/ wie Hagar für Sara flohe/ ihr Eheliches halten zu dem Abraham gestraffet. Da er doch ihren Hochmuth gestraffet. Machet hie abermahl einen Schluß vom Stillschweigen der Schrifft. Ist unrecht/ nach seinem eigenen principio, wie droben zu sehen. Kan unterdessen auch nicht allerdings angehen/ wenn Theoph. Aleth. p. 51. schreibet/ daß der Hochmuth/ als ein gemeines und subtiles Laster/ nicht so sehr scheltens und straffens würdig/ als sonsten grobe und andern schadende Sünden/ zum Exempel Hurerey und Ehebruch. Setzet man sich doch durch Hochmuth GOtt selbst entgegen. Und wie? gestehets nicht Th. Aleth. l. c. selbst/ das GOtt umb des Hochmuths willen die Engel aus dem Himmel verstossen? Er schreibet offt/ und weiß selbst nicht was oder wie?

XII. Im XLIII. §. argumentiret er ferner:

Die da von GOtt/ einem Engel/ Abraham/ Sara/ und allen zu der Zeit lebenden/

den/ wie auch von allen Propheten/ Aposteln und Kirchen-Vätern zu allen Zeiten nicht vor Hurenkinder/ sondern vor ehrlich gehalten/ die hat man keines weges vor unehrlich zu halten.

Nun sind die von den Neben-Weibern der Patriarchen gezeugte Kinder von GOtt ⸺ nicht vor Hurenkinder/ sondern vor ehrlich gehalten.

Darumb hat man auch die von den Neben-Weibern der Patriarchen gezeugete Kinder keines weges vor unehrlich zu halten/ und ist dannenhero die *Polygynie,* dadurch sie gezeuget/ recht gewesen/ und uns auch noch heutiges Tages Recht seyn.

Antwort.

1. Können den Schluß endlich wol paßiren lassen. Der Anhang des Schlusses aber tauget nicht/ und folget auch gar nicht aus dem Schluß. Warumb? weil gar wol bey diesem oder jenem zu gewisser Zeit etwas recht seyn kan/ das nicht alsofort bey allen zu allen Zeiten recht:
2. Wird unterdessen doch auch Theoph. Aleth. schwer fallen zu beweisen/ das præcisè alle zu der Zeit Abrahams lebende/ und dann auch alle Propheten/ Apostel und Kirchen-Väter zu allen Zeiten die von den Neben-Weibern

der

der Patriarchen gezeugete Kinder vor ehrlich gehalten. Ist er allwissend/ daß er das von allen weiß? Und was stehet wol sonderlich von der Patriarchen durch die Neben-Weiber gezeugeten Kindern in den Propheten und Aposteln? Daß ich von Kirchen-Vätern nicht eben sage: wiewol man beym Ambrosio *l. I. de Abrahamo Patr. c. IV.* (*p. 177. ed. Basil. a. 1567. T. IV. Opp.*) außdrücklich diese Worte findet: Pater erat (*Abraham*) cum de ancilla prolem haberet, sed pater filii non erat, qvia non erat ei filius, qvi non erat legitimô susceptus conjugiô. Peperit Sara, & factus est Pater filii. Das ist/ Abraham war ein Vater/ da er ein Kind von der Magd hatte/ er war aber nicht eines Sohnes Vater/ weil er an einem solchen keinen Sohn hatte/ der nicht aus einer rechtmäßigen Ehe gezeüget war. Wie Sara gebohren/ ist er eines Sohnes Vater geworden. So kan auch aus dem gemeinen *altim*, darin Abraham bey den benachbarten heydnischen Völckern zu seiner Zeit gewesen (welchen zu beweisen Theoph. Aleth. cit. §. XLIII. eins und das andere vorbringet) nicht alsofort geschlossen werden/ daß sie alle seine Kinder (welches zu beweisen) für gleich ehrlich gehalten. Stehet sonsten auch allhie nicht allerdings mit seinen *allegatis* richtig. Wir gehen abr weiter.

XIII.

XIII. Das XVIII, cap. des 1. B. Mosis gibt ihm §. XLIV. folgenden Schluß:

Wer die kleine Sünde straffet/ und das/ was man vor eine grosse Sünde hält/ nicht straffet/ dem ist die kleine Sünde eine eigentliche Sünde/ das aber/ was man vor eine grosse Sünde hält/ ein Mittelding.

Nun straffet GOtt an Sara das ungläubige Lachen/ welches in Zusammenhaltung mit der *Polygynie,* die GOtt an Abraham niemahls gestraffet/ nur eine kleine Sünde.

Darumb ist GOtt das ungläubige Lachen/ das sonsten nur vor eine kleine Sünde gehalten wird/ eine eigentliche Sünde/ die *Polygynie* aber ein Mittelding.

Antwort.

1. Auff den Schluß/ daß er concediret werden könne/ wenn hinzugethan wird: beym Abraham und einigen andern im A. Test.

2. Ist zu wissen beym andern Satz/ daß das ungläubige Lachen der Sara nicht eben eine so kleine Sünde/ als Theoph. Alcth. meinet.

Ist doch der Unglaube eine Haupt-Sünde/ welche GOttes Allmacht/ Güte &c. umbstosset. Sehet den 14. v. in dem angezogenen XVIII. c. des 1. B. Mosis. Und verräth sich doch Theoph.

oph. Aleth. selbst/ wenn er l. c. das Wort: *videtur, es scheinet/* gebrauchet. Risus ille infidelis peccatillum *videtur* esse, das ungläubige Lachen/ scheinet eine kleine Sünde zu seyn. Ein anders ist seyn/ ein anders zu seyn scheinen.

XIV. Aus den Worten des 17. v. im gedachten XVIII. cap. des 1. B. Mos. (wie kan ich Abraham verbergen/ was ich thue?) folgert er §. XLV. also:

Wem da GOtt das jenige/ was ihn eigentlich nicht angehet/ offenbahret/ dem wird er nicht verbergen das/ was seine Seligkeit angehet.

Nun offenbahrete GOtt dem Abraham den Untergang der Stadt Sodom/ der ihn eigentlich nicht angieng.

Darumb wurde er ihm auch nicht verborgen haben was seine Seligkeit angehet/ zum Exempel die Unrechtmäßigkeit der *Polygynie*, wenn dieselbe etwas unrechtmäßiges oder eine Sünde gewesen were.

Antwort.

1. Thut abermahl zum Schluß hinzu: wenn sie etwas unrechtmäßiges oder eine Sünde bey ihm/ dem Abraham/ gewesen were. 2. Es bedarf aber auch der erste Satz einer limitation beim prædicato: dafern er nicht vorhin schon durch seine

seine Vorfahren davon den Göttlichen Willen gelernet. 3. Ist beym andern Satz zu erinnern/ daß man auch nicht eben sagen könne/ es sey der Untergang der Sodomiter den Abraham/ oder seine Seligkeit (wie es Theoph. Aleth. selbst erkläret) nicht eigentlich angegangen. Es ist derselbe die Seligkeit des Abrahams angegangen/ als eine Gelegenheit zu seiner und der seinigen Seligkeit/ wie denn anderer Leute (allhie der Sodomiter) Bestraffung eine solche Gelegenheit zu seyn pfleget. Man sehe an in diesem XVIII. cap. den 19. v. Ist unterdessen auch 4. zu mercken/ das Theoph. Aleth. die Warheit sparet/ wenn er im Anfang des XLV. §. schreiben darff/ das GOtt vermöge der aus dem 17. v. des mehrberührten XVIII. cap. angeführten Worte dem Abraham gantz nichtes verborgen (nihil qvicqvam ei abscondit.) Wie der context außweiset/ so ist hie nur das Absehen auff das/ was GOTT vorhatte mit den Sodomitern und Gomorrheern. Das war aber ja nur ein particular Werck.

XV. Hierauff gehets §. XLVI. an ein solches schliessen:

Was GOtt einem solchen Menschen/ mit dem er als ein Freund mit dem andern auffs allerfreundlichste umbgegangen/ weder in einem sonderbahren Gesetz/ noch in anderer Exempeln/ als eine Sünde/ vorgestellet/ das ist einem nicht vor Sünde zu zurechnen.

Nun

POLYGYNIA.

Nun hat GOtt dem Abraham/ mit dem er also umbgegangen/ die *Polygynie* weder in einem sonderbahren Gesetz/ noch in anderer Exempeln als eine Sünde vorgestellet.

Darumb ist dem Abraham die *Polygynie* nicht vor Sünde zuzurechnen.

Antwort.

1. Der Schluß ist abermahl nicht wieder uns.
2. Es ist aber sonsten im ersten Satz auch nicht genug/ daß darin stehet vom sonderbahren Gesetz. Wenn nur durch ein allgemeines Gesetz etwas als Sünde vorgestellet ist/ so kan mans einem (dafern er kein *privilegium* hat) schon vor Sünde zurechnen/ wenn er das/ was als Sünde durchs allgemeine Gesetz vorgestellet ist/ begehet. War aber nicht schon vor Abrahams Zeiten ein allgemeines Gesetz wieder die *Polygynie* Gen. II. gegeben? Stehet gleich daselbst nicht eben in terminis, wie es Theoph. Aleth. im citirten XLVI. §. p. 58 haben will: Du solt nicht mehr als ein Weib haben/ so stehet doch daselbst eine gleichgeltende Rede/ wie zuvor bewiesen. Bedarff es also dessen nicht/ das Theoph. Aleth. sich bemühet darzuthun/ wo kein Gesetz/ da sey auch keine Sünde/ und wo keine promulgierung des Gesetzes/ da sey keine Verbindung.

XVI. Aus dem XX. cap. des 1. B. Mosis klaubet er §. XLVII. dieses zusammen:

Welcher gerechter Richter an einem Ehe-

K

brecher und Vielweiberigen gar eine nur (und zwar aus Unwissenheit) vorgehalten und nicht vollenführten Ehebruch straffet/ und straffet nicht eine lange gebrauchete und noch ferner zugebrauchende *Polygynie*, der hält zwar den Ehebruch für Sünde/ nicht aber die *Polygynie*:

Nun straffet GOtt an den Ehebrecherischen und Vielweiberigen Abimelech das erste/ nicht aber das letztere.

Darumb hält GOtt den Ehebruch/ nicht aber die *Polygynie* an dem Ehebrecherischen und Vielweiberigen Abimelech für Sünde.

Antwort.

Der Schluß könte in gewisser maaße zugegeben werden/ wenn es nur/ was Th. Aleth. im andern Satz supponiret/ so klar wäre/ daß Abimelech ein Vielweibiger gewesen/ als es klar ist/ daß er Abrahams Weib die Sara/ (wiewol nicht wissend/ daß selbige Abrahams Weib) zum Weibe nehmen wollen. Es schreibet zwar Theoph. Alethæus vom Abimelech im Anfang des XLVI. §. *Multas habebat uxores*, er hatte viele Weiber. Allein er wiederspricht GOttes Wort/ neml. dem 17. vers, des angezogenen XX cap. im 1. B. Mos. darin es außdrücklich lautet:

lautet: GOTT heilete Abimelech und sein Weib (רפא heissets im Hebr. Grund-Text.) Stehets ihm denn nun frey aus: sein Weib/ seine Weiber zu machen? Hat aber Abimelech nicht viele Weiber gehabt/ so hat ihn GOtt auch deßwegen nicht straffen können. Worzu denn der andere Satz dieses Syllogismi?

XVII. Er fähret §. XLVIII. fort.

Der so gütig ist gegen frembde/ Heyden/ daß er sie im Traum vor Sünden warnet/ der wird vielmehr gütig seyn gegen seine Freunde im warnen für Sünde.

Nun ist GOtt so gütig gewesen gegen den Heydnischen Abimelech/ daß er ihm im Traum für eine nur vorgehabte Sünde gewarnet.

Darumb würde GOtt vielmehr so gütig gewesen seyn gegen seinen sonderbahren Freund/ den Abraham/ daß er ihn für der Sünden Anfang und Fortsetzung gewarnet hette.

Und weiter:

Wen GOtt von dem nehmen vieler Weiber weder durch Träume/ noch auff eine andere Art abgemahnet/ dem läst er das nehmen vieler Weiber/ als ein Mittelding/ und etwas das nicht Sünde ist/ zu.

Nun hat GOtt seine Gläubige von dem nehmen vieler Weiber weder durch Träume/ noch auff eine andere Art abgemahnet:

Darumb läst GOtt seinen Gläubigen das nehmen vieler Weiber als ein Mittelding/ und etwas/ das nicht Sünde ist/ zu.

Antwort.

Auff den Prosyllogismum, daß er uns nicht zu wieder/ wenn er von gewissen Gläubigen im A.T. verstanden wird. Was aber die Gläubige N.T. anlanget/ haben selbige ja ihr sie klar von der Polygynie abmahnendes Gesetz im XIX. c. des Evang. Matthæi, so aus CHristi eigenem Munde geflossen/ von welchem in der Antwort auff die dritte Frage. Thut dannenhero nicht nöthig zu beantworten/ was Theoph. Aleth. §. XLIX. wieder diejenige vorbringet/ welche da sagen/ das die Patriarchen aus Unwissenheit in der Polygynie, als einer Sünde/ gelebet/ welche Unwissenheit ihnen GOtt/ nach Theoph. Aleth. Meinung hette benehmen sollen. Wir statuiren hierin keine Unwissenheit. Erscheinen also die distinctiones ignorantiæ oder der Unwissenheit beym Theoph. Aleth. allhie umbsonst. Es hat unterdessen doch auch hiebey dem Theoph. Aleth. im Sinne gelegen die von verschiedenen behauptete Göttliche dispensation, und permission oder Zulassung der Polygynie bey den Patriarchen

diese

diese nun/ vermeinet er/ könne nicht Platz haben/ wenn die Polygynie wieder GOttes Gesetz/ dessen summa der Decalogus. Darum streitet er da-wieder im L. §. Es ist aber auch hie die Antwort nicht schwer/ wenn man die hypothesin hat/ daß die Polygynie nicht eben wieder das eigentliche Natur-Recht (Natur-Gesetz/) wie wir den solche hypothesin habē/ ob sie gleich wieder das ordentliche Göttl. Recht. Man wiederhole/ was droben hievon vorgebracht. Sonsten kan nebst vielen andern bekanten Scribenten von der dispensation beym Decalogo gelesen werden *Blasius à Benjumea* in seinem *tractat de Legibus*, so unter seinen in diesem 1677. Jahr zu Leyden in Holland-gedruckten *Operibus Theolog.* zu finden ist.

XVIII. Aus dem XXI c. des 1. B. Mosis v. 13. (ich will der Magd Sohn zum Volck machen/ darumb das er deines Saamens ist.) schleust er im LI. §. dieses:

Den GOtt sonderlich gesegnet/ den hält er vor kein Hurenkind.

Ismael segnete GOtt sonderlich.

Darumb hält GOtt Ismael vor kein Hurenkind; und billiget GOtt also auch Abrahams *Polygynie*.

Antwort:

Es tragen auch unter den rechtgläubigen Theologen einige kein Bedencken/ also/ wie Theoph.

oph. Aleth. im Anhang der conclusion redet/ zu reden/ daß GOtt die Polygynie der Patriarchen approbiret oder gebilliget. So redet unter andern H. D. Joachim. Hildebrand in seinem *lib. de Nupt. veter. Christian. lit. D pag. 2.* Und die halten doch sonsten mit uns davor/ daß GOtt darumb nicht alsofort die Polygynie bey andern approbire oder billige. Im übrigen ist der Schluß nicht wieder uns: ob gleich sonsten der erste Satz auch wol Instantien leidet: Eben so wenig ist wieder uns

XIX. Was im LII. §. von Hagar und dem erwehnten Ismael stehet:

Für welche GOtt Väter- und sonderlich sorget/ die hält er nicht vor unehrliche Personen.

Nun sorget GOtt für Hagar und ihren Sohn Ismael Väter-und sonderlich.

Darumb hält GOtt Hagar nicht vor eine Hure/ und Ismael auch nicht vor ein Hurenkind.

Denn da bejahen wir ja auch unsers Ortes keines von beyden. Wiewol das Exempel Jephtha (Judic. XI.) sonsten tüchtig were den ersten Satz umbzuwerffen/ als für welchen Gott Väter-und sonderlich gesorget hat/ ob er gleich ein Hurenkind gewesen. Es schleust weiter fürs

XX. Nich-

POLYGYNIA.

XX. Nichtes/ was der LIII. §. aus dem XX. Genes. v. 1. in sich hält:

Worin Abraham/ (Jacob/ Elkana/ Gideon/ Salomon) die Zeit ihres Lebens verharret/ das ist keine Sünde gewesen.

Nun haben Abraham &c. in der *Polygynie* die Zeit ihres Lebens verharret.

Darumb ist die *Polygynie* keine Sünde gewesen.

Denn da kan man das von Abrahams und der andern Polygynie (Salomon dennoch gar gewiß außgenommen/ als von welchem Theoph. Aleth. uneingedenck dessen/ daß er hie im LIII. §. Salomons Exempel mit zum Beweiß angeführet/ selbst §. LXXVIII. gestehen muß/ es habe derselbe das den Königen Deut. XVII. gegebene Gesetz übertreten) dafern sie alle und jede ein Göttliches *privilegium* gehabt/ wol zulassen. Man wird unterdessen dem Theoph. Aleth. auch den andern Satz in gewisser Maaße disputirlich machen können.

XXI. Im LIV. §. kompt er in Ansehung der Polygynie des Esaus un. Jacobs angestiegen mit diesem *argument*:

Was der Heil. Geist weder an seinem rechten Ort/ noch anderswo ins gemein oder absonderlich tadelt/ das ist keine Sünde.

Nun tadelt der Heil. Geist die *Polygynie*

K iv Esaus

Esaus und Jacobs weder an seinem rechten Ort (da er nemlich ihre Polygynie erzehlet) noch anderswo ⁊c.

Darumb ist die *Polygynie* keine Sünde.
Antwort:

Hette Theoph. Aleth. nicht/ wie er offt thut/ also auch hie/ betrieglich verfahren wollen/ so hette er die conclusion also formiren müssen: Darumb ist die *Polygynie* des Esaus und Jacobs keine Sünde. Will er aber die Worte: Esaus und Jacobs/ außlassen in der *conclusion*, so muß er sie auch außlassen im andern Satz. Lässet er sie aber aus im andern Satz/ so wird daraus ein general argument von der Polygynie insgemein:

Da denn der andere Satz falsch/ weil freilich der Heil. Geist die Polygynie tadelt Gen. II. Levit. XVIII. Matth. XIX. 1. Cor. VII. wie vorhin schon außgeführet.

XXII. Der LV. §. nach Anleitung der von Jacob in der Polygynie gezeugeten Kinder solchen Schluß:

Wer da in die Gemeine des HErren kompt/ und zum Priesterthumb befodert wird/ der ist kein Hurenkind.

Nund sind Jacobs Kinder von der Lea/ Bilha und Silpha/ als Weibern/ die Jacob
mit

mit der Rahel/ seinem zuerst verlobeten Weibe/ zugleich gehabt/ in die Gemeine des HErren gekommen / und *Levi* unter ihnen zum Priesterthumb befodert/ auch sein Enckel gar Hoherpriester geworden.

Darumb sind diese keine Hurenkinder/ und ist also dem Jacob die *Polygynie* als ein Mittelding vergönnet gewesen.

Antwort.

1. Die *Conclusion* ist nicht wieder uns/ wie aus obigem klar/ und thut also hie keine Antwort nöthig. Wir müssen aber doch zum 2. erinnern/ das Theoph. Alethæus, wenn er Deuter XXIII,2. (woher er seinen ersten Satz genommen) das kommen in die Gemeine des HErren. §. LV. und LVI. so erkläret/ daß es so viel bedeute/ als der Gemeine der Heiligen beywohnen/ oder auch zum Priesterthumb gelangen/ hierin zwar zum Vorgänger habe *Joh. Calvinum* in seiner Harmonie über die 4. letztere Bücher Mosis p. 180. und andere: es wiederspricht aber Calvino hierin sein eigener Glaubensgenossener *Joh. Piscator* qvæst, 453. in Deuteron. zugeschweigen/ was man bey den Juden R. *Salomo Jarchi*, R. *AbenEzra*, R. *Bechai* und R. *Abarbanel* in ihren Anmerckungē über diesen Ort/ wie auch bey *Nicolao de Lira* und andern hievon finden kan: welches jetzo nicht anführe/

führe/ weil es uns allhier endlich gleiche viel seyn kan/ was darunter zu verstehen.

XXIII. Im LVII. §. colligiret Theoph. Aleth. aus den Worten der Lea Gen. XXX, 18.

(GOtt hat mir gelohnet/ daß ich meine Magd meinem Mann gegeben habe) also:

Was GOTT belohnet/ das ist keine Sünde. Denn GOtt hasset und straffet die Sünden.

Nun hat GOtt die dem Jacob von der Lea wieder der Weiber Brauch an Hand gegebene *Polygynie* belohnet.

Darumb ist die *Polygynie* keine Sünde/ sondern vielmehr ein gutes Werck: denn das belohnet GOtt.

Antwort.

1. Solte Joh. Calvinus dem Th. hierauff antworten/ würde er ihm seinen andern Satz leugnen/ als welcher in seinem Comment. in Genes. p. 220. schreibet: Inscitè Lea, qvod filium sibi datum peccati mercedem esse jactat. Nam fidem violaverat sancti conjugii, cum novam pellicem opponeret sorori suæ &c. Das ist: *Lea* redet ungeschickt/ wenn sie den ihr gegebenen Sohn für einen Lohn ihrer Sünde außschreyet. Denn sie hatte

hatte ja wieder die Eheliche Gebühr gehandelt/ daß sie ihrer Schwester ein neues Kebsweib entgegen gesetzet. Errat, non causam pro causa sumendo, schreibet er hernacher/ das ist/ sie irret/ wenn sie das/ was keine Ursache/ vor eine Ursache hält. 2. Wir aber haben bey unsern principiis nicht nöthig also mit Joh. Calvino zu antworten/ angesehen/ wenn nur Theoph. Alethæi halb außgedruckte conclusion völlig außgedrücket wird/ selbige uns abermahl nicht entgegen. Die conclusion soll also aus den præmissis inferiret werden: Darumb ist die dem Jacob von der Lea wieder der Weiber Brauch an Handgegebene Polygynie keine Sünde gewesen. Ein anders ist von Jacobs Polygynie, ein anders von der Polygynie ins gemein reden. Wiewol auch 3. die Worte der Lea/ die im Hebreischen Grund-Text also lauten: נתן אלהים שכרי אשר נתתי שפחתי לאישי füglich folgender gestalt/ können verdolmetschet werden: GOtt hat mir meinen Lohn (welchen ich der Rahel für den Beyschlaff gegeben) wiedergegeben/ nachdem ich meine Magd meinem Mann gegeben/ das ist (wie es Jun. und Tremell. erklären) in dem er mir jetzo noch selbst einen Sohn gibt/ da ich schon/ als eine/ die an ihrer künfftigen Fruchtbarkeit verzweifelt/ meinem Mann meine Magd deßwegen

wegen zugesellet: welche Erklärung denn/ wenn sie angenommen wird/ dem Theoph. Aleth. zum Beweiß seines andern Satzes gar nicht zu statten kompt.

XXIV. Der LVIII. §. hat nach Anleitung des Bundes/ welchen Laban mit Jacob gemachet (davon Gen. XXXI. 50.) daß Jacob keine andere Weiber zu seinen Töchtern nehmen solle/ folgendes:

Wofür *polite* Völcker/ die sich gut genug nach dem Natur-Gesetz bezeiget/ keinen Abscheu gehabt/ das ist nicht wieder das Gesetz der Natur/ und die daraus entsprossene 10. Gebote.

Nun haben die Syrer (ein solcher war Laban) und andere *polite* Völcker &c. Für dem nehmen vieler Weiber keinen Abscheu gehabt.

Darumb ist das nehmen vieler Weiber nicht wieder das Gesetz der Natur/ und die daraus entsprossene 10. Gebote.

Antwort.

1. Wird unter dem Gesetz der Natur das verstanden/ was wir darunter verstehen/ so könte die *Conclusion* in so weit zugegeben werden. Daß es aber keines weges folge/ weil die Polygynie nicht eben wieder das eigentliche Natur-Recht/ daß sie darumb auch nicht wieder die 10. Gebebote lauffe/

POLYGYNIA.

lauffe/ stehet zuschliessen aus meinem 4. principio. 2. Es ist aber doch auch falsch der erste Satz/ nach Außweisung meines 9. principii. 3. Solte man nicht auch aus den angezogenen Worten des Labans das Gegentheil dessen/ was in Theoph. Alethæi andern Satz stehet/ schliessen? Laban muß ja einen Abscheu gehabt haben für der Polygynie, weil er wieder dieselbe einen Bund mit Jacob gemachet. 4. Laban ist sonsten doch auch nicht (wie Theoph. Aleth. suppniren muß) ein solcher gewesen/ der sich gut genug nach dem Natur-Gesetz bezeiget. Aus dem Unrecht/ so er seinem Schwieger Sohn gethan/ kan man daß nicht colligiren. Leset unter andern den 39. 41. und 42. verf. in den von Th. Al. selbst allhie angezogenen XXXI. cap. des I. B. Mosis. 5. So hat Theoph. Aleth. ohne das gar keine Ursache die Syrer unter die Völcker zu rechnen/ die sich gut genug nach dem Natur-gesetz bezeiget. Ist es nicht auch ein Natur-gesetz/ daß man nicht mehr als einen eintzigen GOtt ehren sol? daß aber die Syrer es anders gemachet/ kan ihm nicht unwissend seyn/ es were denn daß er nie gehöret hette von dem bekanten Buche De Diis Syris.

XXV. Hierauff kompts nun gar zu einem brutalen argumentiren/ wenn Theoph. Aleth. aus dem 32. cap. Genef. in ansehung der dem Esau vom Jacob an allerhand unvernünfftigen Thieren

ren gegebenen Geschencke (da der Weiblein weit mehr, als der Männlein) also im LXI. §. folgert:

Was da nach der ersten Schöpfung anders/ als es bey der ersten Schöpfung gewesen/ ohne Göttliche Bestraffung eingeführet/ das hat GOtt gefallen und gefält ihm noch.

Nun ist die *Polygynie* unter den unvernünfftigen Thieren also nach der ersten Schöpfung ohne Göttliche Bestraffung von den Hirten eingeführet.

Darumb hat GOtt die *Polygynie* unter den unvernünfftigen Thieren gefallen/ und gefält ihm noch.

Weiter:

Wer einen grössern Gefallen hat an den Menschen/ als an den unvernünfftigen Thieren/ der wird auch einen grössern Gefallen haben an der Menschen/ als an der unvernünfftigen Thiere möglichsten Vermehrung/ und also auch an jener als an dieser *Polygynie*.

Nun hat GOtt einen grössern Gefallen an den Menschen/ als an den unvernünfftigen Thieren.

Darumb wird auch GOtt einen grössern Gefallen haben an der Menschen als an der unvernünfftigen Thiere möglichsten Vermehrung/ und also auch an jener als an dieser *Polygynie*.

Ant=

Antwort.

Wir könten hie theils den ersten Satz des ersten *Syllogismi* durch gewisse instantien umbstossen/theils die absurdität von den unvernünfftigen Thieren auff die vernünfftige Menschen zu schliessen/ nach Anleitung des ersten Satzes in *Prosyllogismo*, weitläufftig præsentiren: allein es mag vor dießmahl Theoph. Aleth. selbst antworten/ als welcher am Ende des LXI. §. bey dem ersten Satz des *Prosyllogismi* diese limitation admittiret: Dafern GOTT nirgendswo sein Mißfallen hieran zu erkennen gegeben. Daß nun Gott sein Mißfallen an der Vermehrung der Menschen durch die Polygynie irgendswo zu erkennen gegeben/ das haben wir droben durch Verstellung der Worte Gottes aus dem A. und N. Test. genugsahm dargethan: Kan Theoph. Aleth. hiewieder was tüchtiges auffbringen/ so wollen wir sehen/ wie wir ihm sonsten auff diese brutale argumentation antworten. Er mercke nur jetzo das eintzige bey dem ersten Satz des prosyllogismi, daß/ wenn es folgen sol: weil Gott einen grössern Gefallen habe an den Menschen als an den unvernünfftigen Thieren/ er darumb auch einen grössern Gefallen habe an der Menschen als an der unvernünfftigen Thiere möglichsten Vermehrung durch die Polygynie: es nohtwendig auch folgen müsse/ daß er einen grössern

Gefal=

Gefallen habe an der Menschen als an der unvernünfftigen Thiere möglichsten Vermehrung durch die Polyandriæ, oder durch das nehmen (haben) vieler Männer (verstehe/ zum wenigsten in solchem casu, wenn ein Weib durch den Mann/ welchen es schon hat/ die Welt nicht mehr vermehren kan:) weil ja auch die Polyandriæ oder das Zulassen vieler Männlein zu einem Weiblein unter den unvernünfftigen Thieren (auch dann/ weñ die zuerst zugelassene Männlein noch im Leben) ohne Göttliche Bestraffung von den Hirten eingeführet. Dencket weiter nach: Hette also Thoph. Aleth. mit seinen Böcken und Ziegen/ mit seinen Ochsen und Kühen/ mit seinen Hanen und Hennen (davon im LIX. §.) wol mögen zu Hause bleiben. Das coire more galli, wie ein Hahn und Henne zusammen gehen/ das hat schon zu seiner Zeit getadelt *Clemens Alexandr. Pædag. lib. 2. cap. 10.* Die Arbeit/ welche sonsten allhie Theoph. Aleth. §. LIX &c. in darstellung allerhand Göttlicher Gesetze von unvernünfftigen Thieren angewant/ hette er auch wol (weil diß ja nichtes zur Hauptsache hilfft) ersparen können/ bevorab da er dieses ja fast alles aus *Pufendorfii* Buch *de J. N. & Gent.* von Wort zu Wort außgeschrieben/ ohne daß er fornen an setzet/ was bey jenem zuletzt stehet. Man halte zusammen *Pufend. á f. p. 158. ad p. 160.* mit *Th. Aleth.*

Aleth. à med. p. 78. ad f. p. 82. so wird mans sehen: wiewol auch ein ohnbedachtsames außschreiben geschehen/ unter andern/ wenn pag 80. in med. von Theoph. Aleth. der Mornacius citiret wird/ da denn Theoph. Aleth. also gesetzet: *vid. Mornacius ad l. ult. D.* aus welcher allegation man schliessen solte/ es werde gezielet auff das allerletzte Gesetz in dem gantzen Corpore Pandectarum, da diß doch nur gehet auff das letztere Gesetz in einem gewissen titel. *De his qui effud. wel dejec.*

XXVI. In dem LXII. §. lesen wir nach Anleitung der Worte Jacobs zu Esau Genes. XXXIII, 5. Es sind Kinder/ die GOtt deinem Knechte bescheret hat/ einen solchen Schluß:

Was eine Gabe GOttes ist/ oder/ was von GOtt kompt/ das ist keine Sünde.

Nun ist das nehmen vieler Weiber/ und das Zeugen vieler Kinder eine Gabe Gottes/ oder es kompt von GOtt.

Darum ist das nehmen vieler Weiber und das Zeugen vieler Kinder keine Sünde.

Antwort.

1. Zu dem ersten Satz ist hinzuzusetzen die limitation: das ist keine Sünde/ so fern es eine Gabe GOttes/ so fern es von GOtt kompt. Würde diese limitation nicht hinzugesetzet/ könte ich unter den ersten Satz subsumiren:

L Das

Das Zeugen der Kinder durch Ehebruch und Hurerey ist eine Gabe GOttes/ kompt von GOtt (weil ja eben so wenig die Ehebrecher und Hurer/ als die rechte Eheleute/ wenn GOtt nicht efficienter concurriret/ Kinder zeugen können.)

Darumb ist das Zeugen der Kinder durch Ehebruch und Hurerey keine Sünde.

2. Setzet man aber diese limitation zum ersten Satz/ so lautet der Schluß also: darumb ist das Zeugen vieler Kinder keine Sünde/ so fern es eine Gabe GOttes/ und von GOtt kompt: und ist dannenhero auch das nehmen vieler Weiber/ dadurch viele Kinder gezeuget werden/ keine Sünde/ so fern es eine Gabe GOttes/ so fern es von GOTT kompt. Schreibet doch auch der Heil. *Augustin.* l. 2. de Nupt. & concupisc. c. 20. (*T. VII. Opp. ed. Basil. a.* 1542. *col.* 847.) non solùm filios ex conjugio, verum etiam ex adulterio bonum aliqvid esse, secundùm opus Dei, qvó creati sunt, das ist/ daß nicht nur die in der Ehe/ sondern auch die durch Ehebruch gezeugete Söhne etwas gutes seyn/ verstehe/ nach dem Wercke GOttes/ dadurch sie erschaffen (so fern sie GOttes Geschöpff.)

3. Man hat doch auch bey dem andern Sa-

POLYGYNIA.

in acht zu nehmen/ daß es im angezogenen 33. cap. Gen. v. 5. keines weges heisse: es sind die Weiber und Kinder/ die GOtt deinem Knechte bescheret hat/ wie es heissen müsse/ wenn Theoph. Aleth. daraus beweisen will/ das beides die viele Weiber/ und die viele Kinder dem Jacob eine Gabe GOttes gewesen/ oder von GOtt gekommen: sondern daß es nur also heisse: הַיְלָדִים אֲשֶׁר חָנַן אֱלֹהִים אֶת עַבְדֶּךָ das sind die Kinder/ die GOtt aus Gnaden geschencket deinem Knechte. Von Kindern stehet hie/ aber nicht von Weibern. Es kan sonsten auch Theoph. Aleth. wenn er anders den 14. vers im XVII. Ps. Dav. gehöret oder gelesen/ daraus wissen/ daß auch die gottlose Leute dieser Welt an Kindern die Fülle haben können/ und das also das Leibliche Segnen mit vielen Kindern eine Gabe GOttes sey/ welche die Gottlose mit den Frommen gemein haben.

XXVII. Aus dem XXXV. cap. des I. B. Mos. v. 11. (da GOTT zu Jacob saget: Sey fruchtbar und mehre dich/ Völcker und Völckerhauffen sollen von dir kommen/ und Könige sollen aus deinen Lenden kommen) machet Theoph. Aleth. §. LXIII. folgendes:

Dem da befohlen wird sich zu vermehren/ das viele Völcker von ihm kommen/ dem wird befohlen diß zu thun auff die bequemste

L ii Art/

Art/ dadurch er am besten diesen Zweck erreichen kan (doch auch auff eine solche/ die dem Gesetz GOttes gemäß.)

Nun wird dem Jacob befohlen/ sich zu vermehren/ das die Völcker von ihm kommen.

Darumb wird dem Jacob befohlen diß zu thun auff die bequemste Art/ dadurch er am besten diesen Zweck erreichen kan.

Weiter:

Durch welches Mittel Jacob in einem Jahr oder innerhalb kurtzer Zeit viele Kinder zeugen können/ das ist das bequemste Mittel viele Völcker zu schaffen.

Nun konte Jacob durch die *Polygynie* in einem Jahr oder innerhalb kurtzer Zeit viele Kinder zeugen.

Darumb ist die *Polygynie* das bequemste Mittel viele Völcker zu schaffen.

Antwort.

Wir nehmen/ an das erste *argument*, so fern die limitation in parenthesi bey dem prædicato des ersten Satzes stehet/ welche denn auch in der conclusion zu wiederholen. Wird sie aber darin wiederholet/ so muß von Theoph. Aleth. bewiesen werden der erste Satz im Prosyllogismo, welcher (daß ich ihn deutlicher mache) also zu formi-

formiren: So Jacob befohlen worden sich zu vermehren auff die bequemste Art/ dadurch er am besten seinen Zweck erreichen können (aber doch auch auff eine solche/ die dem Gesetz GOttes gemäß/) so ist er gehalten worden selbiges durch die *Polygynie* (als wodurch man in einem Jahr oder innerhalb kurtzer Zeit viele Kinder zeugen kan) zu thun: Es muß spreche ich bewiesen werden/ daß die Art durch die Polygynie sich zu vermehren dem Gesetz GOttes gemäß. Kan zwar dem Theoph. Aleth. zugeben/ daß die Art durch die Polygynie sich zu vermehren eine Vermehrungs-art/ so dem Göttlichen Privilegio (das GOtt scheinet gewissen Persohnen gegeben zu haben) gemäß: Allein da ist ein anders ein Gesetz/ ein anders ein Privilegium beym Gesetz. Und wie? Soll die Meinung des Göttl. Befehls an Jacob sich zu mehren/ das viele Völcker von ihm würden/ wie Theoph. Aleth. haben will/ diese seyn/ daß er sich in Persohn mehren solte durch die *Polygynie*, so ist ja der Jacob diesem Befehl GOttes ungehorsam gewesen/ weil er nach demselben nicht mehr Weiber/ als er damahls schon hatte (er hatte damahls schon seine vier Weiber) genommen/ und nach diesem Göttlichen Befehl nicht mehr Kinder als nur den eintzigen Benjamin (denn seine 12. andere Kinder hatte er ja auch schon damahls) noch gezeuget hat. So ist es aber. GOttes Absehen mit diesem Befehl

L iii

fehl an Jacob war nicht eben/ daß etwan in einem Jahr/ oder in einer so gar kurtzen Zeit (wie es Theoph. Aleth. daucht) viele Völcker immediatè von Jacob selbsten werden solten: genug/ wenn dieses nur nach gerade hierzu mediatè durch des Jacobs Kinder und Kindes-Kinder kommen möchte/ und durch dieselbe ist es ja auch darzu gekommen. Und gesetzet/ das Jacob nur ein eintziges Weib gehabt hette/ lassen sich denn so viele Kinder/ als Jacob gehabt/ nicht auch wol durch ein eintziges Weib zeugen? will davon nicht eben sagen/ daß jene Gräffin in Holland/ Margaretha/ gar 360 Kinder (von welchen man auff der hiesigen Königlichen Kunst-Kammer eines im Gläßlein zeiget) auff einmahl soll gebohren haben (denn daß diß eine Fabel/ hat wieder andere/ die es vor Warheit halten/ im 22. cap. des 3. Buches der Physiolog. Christ. der gelehrte *Ger. Joan. Vossius* zur Genüge erwiesen:) es lehret aber ja sonsten zur Genüge die tägliche Erfahrung/ daß man offtermahls nicht nur 13. (so viel hatte ja nur Jacob) sondern wol 20. und mehre Kinder von einer eintzigen Frauen siehet: wie wir denn noch jetzo allhie zu Copenhaven unter andern eine bekante Oberstin haben/ welche 24. lebendige und 3. todte Kinder gehabt. Im Gegentheil hat dem Vielweiberigen Könige Salomo so gar das nehmen vieler Weiber sein Geschlecht nicht vermehret/ daß man auch nur von einem Sohne und von

zwo

zwo Töchtern (1. Reg. IV, 11. 15.) deſſelben lieſet. Will doch nicht eben aus dem Stillſchweigen der Schrifft vor gar gewiß ſchlieſſen/ daß er gantz und gar keine/ ohne nur dieſe 3. Kinder/ gehabt: wie denn auch R. *Iſaac Abarbenel* in ſeinen Anmerckungen über das erſte Buch der Könige (bey dem 11. cap. nach unſer/ der Chriſten/ Eintheilung) in den Gedancken ſtehet/ das die Schrifft darumb keine ſonderliche Erwehnung der Kinder Salomonis/ die er etwan gehabt/ thue/ weil der Schrifft intention geweſen/ לספר מעלות שלמה לא חסרונותיו das jenige von Salomon zu erzehlen/ was zu Salomons Ehre/ nicht aber das/ was zu ſeiner Schande gereichet: nun ſeynd aber des Salomons Kinder aus dem Geſchirr geſchlagen/ und habe er alſo wenig Ehre von ihnen haben können: wiewol ich den Leſer nachdencken laſſe/ ob die ration des ſonſten ſpitzfündigen Abarbenels von importantz. Man conferire hie/ was da auffs erſte argument geantwortet worden.

XXVIII. Die Sünde des Onans (davon im XXXVIII. des 1. B. Moſ. v. 9.) bringet Theoph. Alethæum §. LXV. zu dieſen Schlüſſen:

1. Wer das jenige/ wodurch die Kinder gezeuget werden/ nicht zum Kinderzeugen anwendet/ der iſt/ wie Onan/ des Todes ſchuldig.

Nun wendet ein Einweibiger/ der an
dem/

dem/ wodurch die Kinder gezeuget werden/ einen Uberfluß hat (er schlaffe bey seinem Weibe/ wenn es Schwanger ist/ oder nicht) das jenige/ wodurch die Kinder gezeuget werden/ nicht zum Kinderzeugen an.

Darumb ist ein solcher Einweibiger/ wie Onan des Todes schuldig.

Antwort.

Im ersten Satz muß das subjectum also limitiret werden: wer das jenige/ wodurch die Kinder gezeuget werden (semen,) da er das donum continentiæ nicht hat/ und nach GOttes Willen ein Weib genommen/ entweder gar nicht/ oder nicht recht zum Kinderzeugen anwendet/ der ist/ wie Onan/ des Todes schuldig. Wird aber das subjectum im ersten Satz also limitiret/ so leugne ich den andern Satz/ daß nemlich ein Einweibiger/ der an dem semine einen Uberfluß hat/ das semen gar nicht/ oder nicht recht bey dem einen Weibe/ so er hat/ wenn er nemlich demselben Ehelich beywohnet/ anwende. Wenn es dieser oder jener etwan gar nicht thut/ oder auch nicht recht in diesem Stück mit dem Onan machet/ so stehet das zu seiner Verantwortung. Hie ist die Frage von dem/ was ein jeder Einweibiger thun soll/ und auch durch GOttes Beystand thun kan. Fällt es manchem schwer/
hierin

hierin den Mißbrauch zu verhüten/ so müssen wir gedencken/ daß es uns durchgehends schwer falle das Fleisch sampt seinen Lüsten und Begierden zu creutzigen und zu betauben: ferne aber sey es von uns/ daß wir deßwegen denen/ welchen diß schwer fällt/ mit Theoph. Aleth. gestatten solten/ so offt es ihnen ankompt/ mit so vielen Persohnen/ als ihnen der mannigmahl durch Uberfluß im Essen und Trincken noch geiler/ als sie sonsten schon ist/ gemacheten Natur nach nöthig thun möchten/ wieder GOttes offenbahren Willen des Fleisches Lüste und Begierden zu büssen. Haben wir doch jetzo eine verdorbene Natur. Ein jeder hüte sich nur für dem Mißbrauch seines ihm durch den HErren der Natur gegebenen Saamens/ und (damit er sich desto besser davor hüten könne) lege ers auff brünstiges Beten/ fleißiges Arbeiten/ und mäßiges Essen und Trincken/ so hat er sich für Onans Straffe nicht zu fürchten. Es argumentiret aber Theoph. Aleth.

2. Wer den von GOTT erschaffenen Saamen zum Kinderzeugen anwendet/ der ist des Lebens wehrt (wer ihn aber umbkommen läst/ der ist des Todes wehrt.)

Nun wendet ein Vielweibiger den von GOtt erschaffenen Saamen zum Kinderzeugen an.

Darumb ist ein Vielweibiger des Lebens

bens wehrt; nicht aber des Todes/ damit einen solchen die Welt ins gemein zu bestraffen pfleget.

Antwort.

α) Solte der erste Satz simpliciter wahr seyn/ könte ich auch von Ehebrechern und Hurern darunter sublumiren/ weil ja auch diese mannigmahl den Saamen zum Kinderzeugen anwenden. Muß dannenhero bey dem subjecto desselben stehen: nach GOttes Willen. GOttes Wille aber ist/ den von ihm erschaffenen Saamen bey einem eintzigen Weibe zum Kinderzeugen anwenden (ich rede von GOttes ordinairen Willen:) wiewol auch noch bey solchem Zusatz/ nachdem man die Wörter: Lebens wehrt/ nimpt/ der erste Satz kan geleugnet werden. Es folget keines weges: wer den von GOTT erschaffenen Saamen zur Ungebühr ümbkommen läst/ der ist des Todes wehrt: Darumb ist der des Lebens wehrt/ wer den von GOtt erschaffenen Saamen zum Kinderzeugen anwendet. Man saget recht: Mala opera damnant, böse Wercke verdammen: kan man aber darumb sagen: Bona opera salvant, gute Wercke machen selig? Auch die Schulknaben wissen hievon Bescheid. β) Wenn Theoph. Aleth. recht schliessen wolte/ solte er also schliessen:

Wer den von GOtt erschaffenen Saamen
wieder

wieder GOttes Willen zum Kinderzeugen anwendet/ der ist des Todes wehrt.

Nun wendet ein Vielweibiger den von GOTT erschaffenen Saamen wieder GOttes Willen zum Kinderzeugen an.

Darumb ist ein Vielweibiger des Todes wehrt.

Der ander Satz wird bewiesen durch die Gesetze GOttes/ die wir in der Antwort auff die dritte Frage vorgebracht und vindiciret. Hat also Theoph. Aleth. gantz und gar keine Ursache an diesen Ort des Caroli V. heimliche Halßgerichts Ordnung zu sugilliren/ daß sie die Polygynie einen Ehebruch nennet/ und einen solchen/ der darzu geschritten/ am Leben will gestraffet haben. Jenes thut Christus selbst beym Matth. im XIX. (davon droben:) dieses folget aus dem jetzigen Schluß. Theoph. Aleth. argumentiret aber nach Anleitung der Sünde des Onans noch fürs

3. Wer ihrer vielen kan das Leben mittheilen/ der sündiget/ wenn ers nicht thut.

Ein jeder Junger starcker Mann kan (verstehe/ durch das nehmen vieler Weiber) ihrer vielen das Leben mittheilen.

Darumb sündiget ein jeder Junger starcker Mann/ wenn ers nicht thut (wenn er nicht durch das nehmen vieler Weiber ihrer vielen das Leben mittheilet.)

Ant-

Antwort:

Bey dem subjecto des ersten Satzes thut nöthig eine solche limitation: wer da beydes moraliter und physicè, durch so viele/ als er will/ ihr vielen kan das Leben mittheilen/der sündiget/wenn ers nicht thut. Hierunter aber lässet sich keines weges subsumiren: Ein jeder junger starcker Mann kan beydes moraliter und physicè, **durch so viele als er will/ ihrer vielen/ das Leben mittheilen.** Daß ers physicè könne/ ist anser streit: daß ers aber auch moraliter, das ist/ nach dem Willen GOttes in seinem Gesetz könne/ das muß Theoph. Aleth. allererst probiren. Wir haben zuvor das Gegentheil dargethan. **Der Beweiß des ersten Satzes/** so beym Theoph. Aleth. verhanden (**wer da weiß gutes zu thun/ und thuts nicht/dem ists Sünde**) tauget allhie nicht. Denn hält er die Vielheit der Kinder vor etwas gutes/ so soll er wissen/ daß man die Vielheit der Kinder zu erlangen dennoch gleichwol kein böses Mittel gebrauchen müsse (denn man soll ja nichts böses thun/ daß gutes daraus werde:) hält er aber das Zeugen der Kinder an und vor sich selbst vor etwas gutes/ so wollen wir ihm dasselbe zwar in gewisser maasse nicht leugnen/ er muß aber alsdann auch beweisen/ daß ein jegliches Zeugen der Kinder/es geschehe auff was Weise es wolle (durch viele/ oder durch ein Weib) an und vor sich selbst

gut

gut sey: da wirds ihm aber an dem Beweiß wol fehlen. Kan man doch unter dem ersten Satz/ wenn er simpliciter wahr seyn soll/ abermahl gar von Hurern und Ehebrechern subsumiren/ und damit derselben Hurerey und Ehebrechen justificiren.

XXIX. Im II. B. Mosis c. XXI. v. 7. 8. 9. 10. 11. stehen folgende Worte: Verkauffet jemand seine Tochter zur Magd/ so soll sie nicht außgehen/ wie die Knechte. Gefällt sie aber ihrem Herren nicht/ und will ihr nicht zur Ehe helffen/ so soll er sie zu lösen geben. Aber unter ein frembd Volck sie zu verkauffen hat er nicht Macht/ weil er sie verschmähet hat. Vertrauet er sie aber seinen Sohn/ so soll er Tochter-Recht an ihr thun. Gibt er ihm aber eine andere/ so soll er ihr an ihrem Futter/ Decke/ und Eheschuld nicht abbrechen. Thut er diese drey nicht/ so soll sie frey außgehen ohne Lösegeld. In Betrachtung dieser Worte schreibet Theoph. Aleth. §. LXVI. pag. 96. med. Wo es anders ein Gesetz in GOttes Wort thut/ so lehret diß Gesetz klar/ daß GOtt den Eltern vergönnet/ ihren Söhnen zwey Weiber zu nehmen. Ich frage aber Theoph. Aleth. billig/ in welchen Worten dieses Gesetz diß klar lehre? Wenn Theoph. Aleth. Flickwörter/ so

ter/ so er hineingeflicket bey Mosis Worten/ mit
vor Mosis Wörter zu halten/ so muß ich bekennen/ hat Theoph. Aleth. allhie etwas für sich.
Theoph. Aleth. bringet die Wörter: Gibt er
ihm aber eine andere/ also vor: si filio *adhuc* aliam *secundam* scilicet desponset, gibt er seinem
Sohn annoch eine andere/ nemlich die Zweyte.
Wo finden wir das: annoch/ und: die Zweyte/
in Lutheri Dolmetschung? wo finden wir auch
etwas gleichlautendes im Hebr. Grund-Text/ als
in welchem nur dieses verhanden: אִם־אַחֶרֶת
יִקַּח־לוֹ nimpt (gibt) er ihm aber eine andere $
weiß gar wol/ das in den Chaldeischen Targumisten und bey andern dergleichen Zusatz/ als hie
Theoph. Aleth. gemachet/ stehe. Sehet unter
andern *Cartwright.* in Exod. p. 262. f. *Liran.* ad
h. l. lit. q. *Gerb.* L. de Conjug. I§. 450. *Piscat.* qv.
227. in Exod. was nöthiget uns aber/ solchen Zusatz zu machen? Leyden doch die Worte des Gesetzes ohne eintzigem Zwang eine solche paraphrasin: Gibt (nimpt) der Vater seinem Sohn ein
ander Weib/ als die gekauffete Magd/ so soll er
(der Vater) ihr (der Magd) an ihrem Futter/
Decke/ und Eheschuld (das ist/ an dem/ was ihr
zur Nahrung und Kleidung nöthig thut/ wie auch
an Herbeyschaffung eines andern Mannes/ welcher ihr die Eheschuld leiste/ so weder er noch sein
Sohn ihr leisten wollen) es nicht ermangeln lassen. Die *Glossa interlin.* thut ja außdrücklich zu
den

POLYGYNIA.

den Worten: Gibt er ihm aber eine andere/ hinzu: istá repudiatá, wenn er jene/ (die Magd) verworffen. *Menochÿ* Zusatz in seinen notis über diesen Platz heisset also: servà abire justā, wenn er die Magd hat weggehen lassen. Kan nun ein solches, allhie hinzugesetzet werden/ wirds Theoph. Aleth. schwer fallen zu beweisen/ daß GOtt allhie klar den Eltern vergönne/ ihren Söhnen zwey Weiber zu nehmen: auch gesetzet/ daß man unter dem Hebr. Wort עֹנָתָהּ (mit *Luthero* und andern) an diesem Ort das debitum conjugale oder die Eheschuld (davon doch annoch unter den Gelehrten streit. S. *Calvin.* ad h. l. *Cartwright.* l. c. p. 263. *Menoch.* l. c. &c.) verstehet: Wer unterdessen zu wissen begehret/ worauff die Worte: thut er diese Drey nicht/ eigentlich gehen/ der lese H. D. *Varen.* in Exod. p. 338. und *Cartwr.* l. c. p. 263. f. &c.

XXX. Im XXII des 2. B. Mos. v. 16. lesen wir dieses: Wenn jemand eine Jungfrau beredt/ die noch nicht vertrauet ist/ und beschläfft sie/ der soll ihr geben ihre Morgengab/ und sie zum Weibe haben. Dergleichen findet sich in des V. B. Mos. XXII. c. v. 28. 29. und stehet daselbst unter andern: Er sol sie zum Weibe haben : er kan sie nicht lassen sein Lebenlang. Daraus machet Theoph. Aleth. wenn ers §. LXVI angeführet §. LXVII solchen Schluß:
Wenn

Wenn niemand eine beschlaffene Jungfrau sein Lebenlang lassen kan/ so kan es auch einer/ der schon ein Weib vor beschlaffung derselben gehabt/ nicht thun/ und wird also ein solcher genöhtiget ein Vielweibiger zu seyn.

Nun kan ja niemand eine beschlaffene Jungfrau sein Lebenlang lassen.

Darum &c.

Antwort.

Wo stehet das: niemand/ in den Worten Mosis? Theoph. Aleth. vermeinet §. LXVI weil es in den Worten Mosis insgemein lautet: wen jemand eine Jungfrau beschläfft/ so sey das so wol von den verehlichten/ als von den unehlichen zu verstehen. Allein argumentiret nicht auff die Weise Theoph. Aleth. à non distributo ad distributum? Talia sunt prædicata, qvalia permittuntur esse à suis subjectis. Erinnere sonsten auch/ bey den angezogenen Worten Mosis/ daß selbige dennoch gleichwol auch eine exception leiden/ die Moses selbst v. 17. cap. XX in seinem 2 Buch hinzuthut: Wegert sich aber ihr Vater/ sie ihm zu geben/ sol er Geld darwegen/ wie viel einer Jungfrau zur Morgengab gebühret. Woraus denn erhellet/ daß der dissensus paternus, das Väterliche Wegern von der beschlaffenen Seiten/ die Ehe in diesem fall

hem-

hemmen könne. Gibt einige/ die hierin dem Vater von des beschlaffenden Seiten gleiche macht zu schreiben: aber diese schemen nicht zu erwegen/ daß die exceptiones stricti juris seyn. Es kan hievon etwan (weils hieher nicht eben gehöret) anderswo weitläufftiger gehandelt werden. Habe es nur mit drey Worten allhie anzeigen wollen/ weil diß in praxi bey den Consistoriis dienlich zu wissen/ damit man nicht etwan der Eltern Macht von der beschlaffenden Seiten zu weit außdehne/ wie es wol eher geschehen ist/ dawieder denn ich meines wenigen Ortes das protestiren nicht unterlassen.

XXXI. Deuter. XXV, 5. ist anzutreffen ein Gesetz GOttes/ darin dem Bruder seines ohne Kinder verstorbenen Bruders Witwe zu nehmen befohlen wird. Die Worte lauten also: Wenn Brüder bey einander wohnen/ und einer stirbet ohne Kinder/ so soll des verstorbenen Weib nicht einen fremden Mann draussen nehmen/ sondern ihr Schwager soll sie beschlaffen/ und zum Weibe nehmen/ und sie Ehelichen. Hiebey schreibet Theoph. Aleth. §. LXVII. Ein jeder Bruder oder nähester Anverwanter (Gott redet ins gemein vom Bruder/ ohne *determination*, ob er beweibet/ oder nicht) war hierzu verbunden/ wie die Historie der Ruth bezeuget. Kan es Theoph. Aleth. nicht eben so sehr

sehr verdencken/ daß er sich dieser Worte zum Beweiß der Polygynie bedienet/ weil selbiges auch andere Rechtgläubige (doch zu einem andern Zweck/ als Theoph. Aleth.) und unter denselben *Meisnerus Phil. Sobr. P. I. p. 640.* gethan. Sehe aber dennoch gleichwol nicht/ daß dieser Beweiß solte Stich halten können. GOtt redet keines weges allhie/ wie Th. Aleth. vorgibt/ von Brüdern ins gemein/ ohne determination. Stehet doch im Gesetze Mosis von Brüdern/ die zusammen wohnen. Nun wohnen aber die verehlichte Brüder selten zusammen. Ein verehlichter pfleget gerne sein eigen Hauß zu suchen. So bezeugets ja auch nicht die Historie der Ruth/ daß auch die beweibete Brüder ihrer verstorbenen Brüder Wittwen nehmen müssen. Denn da kan mans von dem Boas nicht erweisen/ daß er Beweibet gewesen/ wie er die Ruth (des Mahlons/ nicht aber/ wie *Meisnerus l. c.* zweifels ohne mit fliegender Feder schreibet/ des Elimelechs hinterlassenes Weib/ nach dem IV. c. des B. Ruth v. 10.) zum Weibe genommen. Zugeschweigen Boas auch nicht einmahl ein rechter Bruder des Mahlons gewesen/ da doch diß Gesetz von rechten Brüdern (ob gleich Theoph. Aleth. einen jeden der nähesten Anverwandten darunter verstehet) zu erklären. Schlaget nach *Buxtorf. de Sponsal. & Div. p. 25. & Spanhem. Dub. Evang. P. III.*

P. III. p. 617. Gerb. L. de Conjug. §. *223.* Selden. *de Succeſ. in bona defunct. cap.* XV. Wolte man ſagen/ es ſey der ungenandte und näheſte Erbe des Elimelechs (Mahlons Vaters) welchem Boas/ ehe und bevor er mit der Ruth zugeſchlagen/ die Ruth/ ſie zu Ehlichen/ angeboten/ dennoch beweibet geweſen (wie aus dem Chaldeiſchen Targum erhelle) ſo habe man zur Antwort/ daß auch aus eben dieſem Chaldeiſchen Targum erhelle/ es habe der näheſte Anverwandte des Elimelechs (Mahlons Vaters) eben darum die Ruth nicht zum Weibe nehmen wollen/ weil er ſchon ein Weib gehabt/ davon beym *Seldeno Uxor. Ebr. lib. I. c. 9. p. 69.* Wiewol es auch noch dahin ſtehet/ ob eben dieſer ungenandter und näheſter Erbe des Elimelechs und Mahlons ein Weib gehabt/ wie die Ruth ihm angeboten. Sind ja nicht lauter Evangelia/ was man in den Targumiſten lieſet/ bevorab in den Jüngeren/ worunter das Targum שׁ לחם מגירה wie denn nebſt andern *Steph. Maſius,* mein weyland geliebter Schwager/ dieſes in ſeiner zu Roſtock gedruckten *Exercitat. de Targumim cap.* II. §. XII. *& cap.* III. §. IV. *obſerviret* hat. Begehret man ſonſt ein mehres vom nehmen des Brudern Weibes zu wiſſen/ ſo gehe man zu *Selden. l. jam cit. c. 12. &c.*

XXXII. Nach Anleitung des von GOtt

Num. V, 11. &c. Den Männern vergönneten Mittels die Eheliche Treue ihrer Weiber zu probiren/ will Theoph. Aleth. §. LXIX. dieses schliessen:

So GOtt den Männern in seinem Gesetz die Freyheit gegeben ihrer Weiber ihnen verdächtige Eheliche Treu durch ein gewisses Mittel zu *probiren* / welche er doch nicht im Gegentheil den Weibern in Ansehung ihrer Männer gegeben/ so muß GOtt zwar mißfallen das nehmen vieler Männer/ es muß ihm aber nicht mißfallen/ das nehmen vieler Weiber.

Nun ist wahr das erste. Darumb muß auch wahr seyn das letztere.

Antwort.

Soll die Folgerey gelten/ kan ich auch einen solchen Zusatz hinzuthun: so muß GOtt mißfallen das Ehebrechen der Ehe-Weiber mit anderer Ehe-Männern/ es muß ihm aber nicht mißfallen das Ehebrechen der Ehe-Männer mit anderer Eheweibern: weil er ja auch nicht einmahl den Ehe-Weibern Freyheit gegeben durch ein gewisses Mittel ihrer Ehe-Männer ihnen wegen Ehebruchs mit anderer Eheweibern verdächtige Eheliche Treue zu probiren. Nun wird aber ja Theoph. Aleth. nicht sagen/ das GOtt das Ehebrechen der Ehemänner mit anderer Eheweibern
nicht

nicht mißfalle/ es were denn Sache/ daß er nicht achten wolte die Worte GOttes Deuter. XXI, 22. was er derowegen antworten wird auff diese Folgerey/ daß sey ihm auch geantwortet auff seine. Was unterdessen GOtt vor Ursache gehabt/ den Männern hierin mehr Freyheit zu geben/ als den Weibern/ darüber wollen wir nicht grübeln. GOtt weiß es am besten. So viel ist offenbahr/ daß es aus gewissen Ursachen viel unzimlicher/ wenn sich ein Weib zu vielen Männern/ als wenn sich ein Mann zu vielen Weibern hält/ und kan GOtt wol darumb den Männern mehr hierin verstattet haben/ als den Weibern. S. Herr D. *Wagenseil.* über den neulichst von ihm edirten Talmudischen *tract. Sota p. 3.* Sonsten ist ja auch wissend aus den Talmudischen Schrifften/ daß die Probe der Ehelichen Treue des Weibes durchs bitter Wasser (davon im angezogenen V. c. Numer.) auch nicht einmahl angegangen/ wenn der Mann (der die Probe bey seinem Weibe thun wollen) sich selbst mit unrechtmäßigem Beyschlaffen beflecket: wie hievon die Anzeige beym *Seld. Uxor. Ebr. lib. 3. cap. XIV. p. 401. & cap. XV. p. 408.* In welchem Fall denn auch das Weib (verstehe ein solches daß sich eines heimlichē Ehebruchs bewust/ und desselben durchs bitter Wasser nicht überwiesen werden können/ ein Mittel hinter die Untreu ihres Mannes zu kommen gehabt. Hat man im übrigen Lust weiter

M iij von

von diesem Gesetz Nachricht zu haben/ so lese man *Seld. l. c. cap. XIII. XIV. XV.* nnd den jetzo allegirten und von *Wagenseilio* hervorgegebenen *tractat. Sota.* Daß *Th. Aleth. p. 101. med.* schreibet/ es werde nirgends gelesen/daß die Weiber der Vielweiberigen Männer im A. T. ihre Männer wegē der Vielweiberey gestraffet oder abgeschaffet/ gehet uns nicht an/ die wir eine Göttliche dispensation zur Zeit A. T. bey gewissen Persohnen in diesem Fall zugeben/ da denn kein bestraffen und abschaffen der Männer nöthig. Was will auch *Th. Aleth.* mit dem/ daß er *à p. 102. ad p. 107.* aus allerhand Autoribus/ von allerhand Mitteln die Keuschheit der Weiber zu untersuchen anzeucht/ anders/ als daß er nur sehen lasse/ wie er eins und das andere hievon gelesen. Er beweiset trauen damit nichtes/ wie aus dem/ was gesaget/ klar: wiewol er auch hie an statt der Historien Fabeln verkauffet/ das uns aber jetzo gleiche viel.

XXXIII. Aus dem XXII. Deuter. vom 13. v. argumentiret Theoph. Aleth. §. LXX. also:

Were das nehmen vieler Weiber eine Sünde/ so hette GOtt/ da er den Männern verstattet/ ihrer Weiber Jungfrauschafft gerichtlich zu untersuchen/ und nach befinden sie steinigen zu lassen/ auch den Weibern dergleichen verstatten/ und ihnen so wol als den Männern ein Mittel hierzu an Hand geben können/

POLYGYNIA.

können/ ja er hette dieses auch Vermöge seiner Gerechtigkeit und Heiligkeit thun müssen.

Nun hat aber ja GOTT dieses nicht gethan.

Darumb muß auch das nehmen vieler Weiber keine Sünde seyn.

Antwort.

So richtig die nechste Folgerey/ so richtig ist auch diese. Sehet demnach die Antwort auff diese Folgerey in der nechstvorhergehenden Antwort. Daß aber Theoph. Aleth. an diesem Orte hinzuthut von dem müssen GOttes in diesem Fall/das thut er bloß pro autoritate hinzu/gerade ob könte er GOtt dem HErren vorschreiben was er thun und lassen solle. GOtt kan schon sonstē Ehebrecherische Männer heimsuchen/ wenn er sie gleich nicht auff solche Art heimsuchet/ als er die Ehebrecherische Weiber heimgesuchet hat. Was nicht absolute nothwendig/ davon hat GOtt auch nicht nöthig uns etwas an Hand zu geben. Darum denn ja Gott der HErr heutiges Tages auch nicht einmahl mehr den Männern das/ was er ihnen vormahls zu gute nach dem V. Numer. und XXII. Deuter. verordnet/zu statten kommen läst. Leset unterdessen vom Anklagen der wegen verlohrener Jungfrauschafft verdächtigen Weiber *Gerh. L. de Conjug. §. 114. 115. Seld. l. c. lib. 3. cap. I. & II.*

M ij   XXXIV.

XXXIV. Aus dem Gesetz/ so den Israelitischen Könige im XVII. Deuter. v. 17. gegeben (er soll nicht viel Weiber nehmen) formiret Aleth. Theoph. §. LXXI. dieses:

Dem nur der *Exceß* im nehmen vieler Weiber verboten wird/ dem wird nicht schlechter Dinge das nehmen vieler Weiber verboten.

Nun wird dem Israelitischen Könige nur der *Exceß* im nehmen vieler Weiber verboten; oder/ es wird ihm nur verboten/ zu viele Weiber zu nehmen.

Darumb wird dem Israelitischen Könige nicht schlechter Dinge das nehmen vieler Weiber verboten.

Antwort.

1. Wenn man die *Conclusion* zugebe/ was were es denn endlich mehr? Wie GOtt mit Abraham und andern in diesem Stück dispensiret (davon zuvor) also hat er auch wol aus erheblichen Ursachen mit den Israelitischen Königen in diesem Stück dispensiren können. Ein anders aber ist es/ gewissen Persohnen irgends worin eine Freyheit zu lassen/ ein anders allen Menschen.

2. Es ist aber dennoch gleichwol auch der andere Satz nicht eben so gewiß/ als Theoph. Aleth. vermeinet/ in dem XVII. Devt. fundirt. Im

Hebr.

Hebr. Grund-Text lauten die Worte also: לֹא
יַרְבֶּה־לּוֹ נָשִׁים non multiplicabit sibi
uxores, das ist/ von Wort zu Wort/ er soll sich
die Weiber nicht mehren/ oder/ wie es D. Luther auff gut Teutsch gegeben/ er soll nicht viele
Weiber nehmen. Ist das aber einerley mit
dem/ was Theoph. Aleth. im andern Satze hat/
er soll keinen *exceß* im nehmen vieler Weiber
begehen/ oder/ er soll nicht zu viele Weiber
nehmen? Hie wird ins gemein das mehren der
Weiber verboten ohne Berahmung eines excesses. Theoph. Aleth. excipiret zwar/ es stehe auch
hie v. 16. er solle nicht viel Rösser halten: Wie
es nun nicht folge: er soll nicht viel Rösser halten/
darumb soll er nicht mehr denn ein Roß halten;
also folge es auch nicht: er soll nicht viel Weiber
nehmen/ darumb soll er nicht mehr denn ein Weib
nehmen. Allein hat denn Theoph. Aleth. noch
nicht so viel gelernet/ daß einerley verbum nicht
allemahl auff einerley Art auch in einem versicel
verschiedenen Dingen zugeeignet werde? Exempel sind hin und wieder verhanden. Was will
denn Theoph. Aleth. hieraus gewisses schliessen?
Genug aber/ daß er hieraus nichtes gewisses
schliessen kan. 3. Gesetzet unterdessen/ daß hie
dem Israelitischen Könige zugelassen/ ob wol nicht
zuviele/ doch mehr als ein Weib zu nehmen (wie
auch *Augustinus in quæst. super Deuteron.*

T. IV. Opp. col. 270. ed. Baſil. a. 1541.) Lombardus lib. IV. ſentent. diſtinct. XXXIII. fol. 408. f. ed. Colon. a. 1566. Menochius und andere *in b. l.* in den Gedancken) iſt das darumb noch heutiges Tages den Königen/ oder auch andern zugelaſſen? *Theoph. Aleth.* vermeinet das zwar. Denn da ſchreibet er *l. c.* alſo: Qvod Regi licet in lege divinâ, qvæ eſt Catholica, omnibus licet, das iſt/ was dem Könige vergönnet iſt in einem Göttlichen Geſetz/ das da ein allgemeines Geſetz iſt/ das iſt einem jeden Menſchen vergönnet. Aber wie? Iſt denn das dem Iſraelitiſchen Könige vor ſeine Perſohn gegebene privilegium (ich rede jetzo *ex hypotheſi,* das *Deut.* XVII. dem Iſraelitiſchen Könige zugelaſſen/ ob wol nicht zu viele/ doch mehr als ein Weib zu nehmen) ein allgemeines Geſetz? Eine exception iſt es/ wenn man recht reden will/ vom allgemeinen Geſetz. Und die hat in dieſem Fall ſtatt/ weil das nehmen vieler Weiber nicht eben præciſè wieder das eigentliche Natur-Recht laufft/ wie droben geſehen. Erinnere mich ſonſten der Hebreiſchen Regel: כל שיש לו קיצבה מן התורה שוה בכל אדם das iſt/ alles/ wovon eine gewiſſe Verordnung im Geſetz/ das gehet alle Menſchen gleich an. Weil aber dennoch gleichwol jetzo ein ſolches privilegium

wieder

wieder das im N. T. von Christo beym Matth. im XIX. erneurcte allgemeine Ehe-Gesetz niemand/ auch kein König/ auffweisen kan/ als ist jetzo zur Zeit N. Test. das nehmen vieler Weiber durchgehends allen Menschen verboten. Mögen also zusehen/ was sie thun/ die jenige/ welche diese Sünde bey grossen Herren entweder directè oder indirectè beschönen: und hätte unter andern jener Frantzösischer Historienschreiber/ der *Gramondus*, wenn er von Henrico IV. dem Könige in Franckreich redet/ wol daheim bleiben mögen mit diesen *lib. I. Histor. p. 9.* befindlichen Worten: Unus illi à Venere nævus, eò regibus noxâ leviore, qvod populus rarò opprimitur eâ labe: vix sævire potest, qvi amat, das ist/ Sein eintziger Fehler war die ungebührliche Weiber-Liebe. Ist bey Königen umb so viel geringer zu achten/ weil Land und Leute selten bey dieser Seuche unterdrücket werden: wer verliebet ist/ der kan schwerlich Tyrannisch seyn.

XXXV. Im XXI Deut. vom 10. v. stehet/ daß einem in den Krieg ziehenden Israelitischen Soldaten frey gestanden/ wenn er ein schönes Weib unter den Gefangenen angetroffen/ selbiges zum Weibe zu nehmen. Da hält nun Theoph. Aleth. §. LXXII. davor/ es sey dieses allen und jeden Soldaten frey gestanden/ nicht nur denen

nen annoch ledigen/ sondern auch denen schon Beweibeten/ und das darumb/ weil ohne determination beym Mose stehe: **Wenn du in den Streit zeuchst &c.** Woraus denn folge/ daß nach diesem Gesetz die Soldaten viele Weiber nehmen können.

Antwort.

1. Er nimpt sich die Freyheit unter dem: **Du/** zu verstehen/ was er will. Wer hat ihm aber die Freyheit gegeben? 2. Diese special permission kan dem allgemeinen Gesetz GOttes/ so nur von einem Weibe weiß/ nicht præjudiciren: muß dannenhero das: **Du/** nach dem allgemeinen Gesetz also limitiret werden: **Du/ der du noch kein Weib hast.** 3. So ist auch ja/ nach Anzeige der Hebreischen Schrifften/ von Sauls und Isai Zeiten an der Brauch unter den Israeliten gewesen/ daß der/ welcher in den Krieg gezogen/ seinem Weibe einen Scheidebrieff gegeben/ davon in *Buxtorfii Dissert. de Sponsal. & Divort. p. 51.* zugeschweigen das 4. die Hebreer lehren/ das GOtt/ wenn er den Israeliten das nehmen der gefangenen Weiber an diesem Orte zugelassen/ dis nur zugelassen כנגד יצר הרע in Ansehung ihrer bösen Lust/ nicht ob hette er an und vor sich selbst hieran ein gefallen gehabt: wie auß dem klar/ was beym *Buxt. l. c. p. 42.* zu finden. Und wolte Theoph. Aleth. meinen/ daß wir in
diesem

POLYGYNIA.

diesem Stücke allerdings es machen kőñen/wie es die Israelitische Soldaten gemachet/ so stünde uns 5. auch gar frey die im Kriege gefangene Eheweiber zu nehmen/ weil ja solche eben so wol als die ledige Weibes-Persohnen von den Israelitischen Soldaten (wie man sehen kan beym *Seld. de J. Nat. & Gent. lib. V. c. 13. p. 645. edit. Argentor.*) genommen worden. Doch es wird allhie Theoph. Aleth. excipiren/ es haben dieses letztere die Israelitische Soldaten zwar, de facto gethan/ sey darumb aber nicht alsofort recht gewesen. Allein ich antworte Theoph. Aleth. nach seinem eigenen principio. Er/ Theoph. Alethæus, stecket ja (wie gehört) in dem Wahn/ wo ein Wort ohne determination stehet/ da müsse es auch ohne determination genommen werden. Nun stehet aber allhie im 11. v. des XXI. cap. im V. B. Mosis ohne determination von einem Weibe: Siehestu unter den Gefangenen ein schönes Weib &c. so nimm sie zu der Ehe. Hie wird gar nicht determiniret/ ob die Rede von einem ledigen oder verehlichten Weibe. Hat also/ nach Theoph. Aleth. eigenem principio (ein Soldat auch mit recht ein gefangenes Eheweib (oder ein Weib/ so schon einen Mann gehabt) nehmen können. Sehet wohin Theoph. Aleth. mit seinen Grillen komme? Er muß hie auch die Vergünstigung der polyandrie oder des neh=

mens

mens vieler Männer zugeben/ dawieder er doch sonsten so hefftig streitet. Will er aber das nicht thun/ so muß er sein principium fahren lassen/weil hie ohne determination stehet: Wenn du in einen Streit zeuchst &c. so sey unter dem du (das doch im Hebreischen auch nur implicitè in dem verbo: נשא stecket/ und nicht explicitè durch das pronomen אתה außgedrücket ist) so wol eine Verehlichte als ledige Persohn zu verstehen. Lässet er aber dieses fahren/ so kan er auch die Zulassung des nehmens vieler Weiber aus dieser Schrifftstelle nicht behaupten. Ob nun gleich der Leser hiemit kan vergnüget seyn/ so muß doch noch 6. anführen den Schluß/ welchen Theoph. Aleth. im LXXVI. §. seines Polit. Disc. zwischen Polyg. uñ Monog. (so a.1676 in 4to gedruckt unter dem Nahmen J. L.) nach an Anleitung dieses den Soldaten gegebenen Gesetzes machet:

Was GOtt den Soldaten zugelassen/ das ist keine Sünde wieder die 10 Gebote.

Nun wird den Soldaten die 2 oder Vielweiberey zugelassen.

Darumb ist selbige keine Sünde wieder die 10 Gebote.

Soll hie der erste Satz simpliciter war seyn/ so kan ich darunter also subsumiren:

GOtt hat den Soldaten das Todschlagen zugelassen.

Dar=

Darum ist das Todschlagen keine Sünde wieder die 10 Gebote.

Die *Conclusion* ist ungereimt: so muß entweder der der erste oder der andere Satz falsch seyn. Der andere (welchen ich gemacht) ist so gar nicht falsch/ daß es auch eine überflüßige Arbeit ihn bey den rechtglaubigen zu beweisen. So ist dannenhero falsch der erste Satz/ welcher Theoph. Alethæi oder J. L. Die Falschheit des andern Satzes des Theoph. Aleth. oder J. L. ist offenbahr aus dem vorigen. Anlangend die Allegata aus den Rabbinen (so hie beym Theoph. Aleth. im Lat. Disc. p. 114 f.) sind selbige außgeschrieben aus *Seld. B. de J. N. & G. l. c. p. 646.* welches Theoph. Aleth. allhie/ seiner Gewonheit nach/ dissimuliret.

XXXVI. Der 15. und 16. v. im XXI. c. des V. B. Mos. lautet also: Wenn jemand zwey Weiber hat/ eine/ die er lieb hat/ und eine/ die er hasset/ und sie ihm Kinder gebehren/ beyde die Liebe und die Feindselige/ daß der Erstgebohrner der Feindseligen ist und die Zeit kompt/ daß er seinen Kindern das Erbe außtheile/ so kan er nicht den Sohn der Liebsten zum erstgebohrnen Sohn machen für den erstgebohrnen Sohn der Feindseligen &c. Hiebey schreibet Theoph. Aleth.
§. LXXIII.

§. LXXIII. daß Moses allhie expressissimè, auffs allerdeutlichste/ von der Vielweiberey auff einmahl rede.

Antwort.

Ich sage/ daß Moses davon keines weges expressissime, auffs allerdeutchste/ rede. Er gedencket zwar zweyer Weiber eines Mannes. Womit aber wil Th. Al. beweisen/ daß Moses eben von solchen rede/ die zugleich beym Manne gelebet? Hat es nicht auch Fälle geben können/ da einem Mann ein seindseliges Weib abgestorben/ oder von ihm geschieden/ und er darauff eine andere genommen? Gilt also diß Gesetz in solchen Fällen. Niemand lasse sich allhie verleiten durch das Wörtlein: hat/ in der Teutschen Ubersetzung Lutheri. Im Hebreischen lautets: כִּי־תִהְיֶיןָ לְאִישׁ שְׁתֵּי נָשִׁים *Si fuerint alicui uxores binæ* (so hats ja Theoph. Aleth. selbst angezogen) das ist/ so jemand zwey Weiber haben wird. Daraus aber folget/ daß ein solcher nohtwendig auff eine Zeit zwey Weiber haben müsse: eben so wenig/ als es folget/ wenn ich zum Exempel sage: wenn mein Sohn zwey Kinder haben wird/ so soll er dem ersten Kinde dieses/ dem andern Kinde jenes in meinem Nahmen geben/ daß er darum die beyden Kinder zugleich auff eine Zeit haben müsse. Was Th. Aleth. von Theilung der Erbschafft unter den Kin-

Kindern allhie aus des *Selden* Büchl. de *Success.* anzeucht/ das stehet im 5. cap. dieses Büchleins p. 47. ed. Lugdun. a. 1638. welches darumb erinnere/ weil mans vergebens im 6. cap. (so beym Theoph. Aleth. genant) suchen wird. Andere Beantwortungen dieses Einwurffes kan, man finden beym *Spanh. Dub. Evang. P. III. p. 618. Gerh. L. de Conj. §. 223.* und sonsten hin und wieder.

XXXVII. Im XXII. Deut. v. 22. stehen folgende Worte: Wenn jemand erfunden wird/ der bey einem Weibe schläfft/ die einen Ehemann hat/ so sollen sie beyde sterben/ der Mann und das Weib/ bey dem er geschlaffen hat. C. Levit. XX, 10. Hieraus sehen wir klar (spricht Theoph. Aleth. §. LXXIV.) daß der Ehebruch nicht bestehe im haben mehrer als eines Weibes/ sondern im haben mehrer als eines Mannes.

Antwort:

Folget nicht: an diesem Ort ist eine gewisse Art des Ehebruchs genant/ darumb gibts auch keine andere Art des Ehebruchs. Unius positio non est alterius exclusio. Wenn das eine gesetzet wird/ wird das andere nicht alsofort außgeschlossen. Sollen denn eben alle species peccatorum, alle Arten der Sünden an einem Orte gennet werden? Was hie nicht stehet/ das stehet beym Matth. im XIX. da auch das Haben mehrer denn eines Weibes ein Ehebruch genennet wird. Von Billigkeit der Straffe des Ehebruchs handelt Theoph. Aleth. in diesem LXXIV. §. ohne Noth so gar weitläufftig/ weil ihm das nicht von uns disputiret wird.

XXXVIII. So können wir auch vorbeystreichen lassen/ was Theoph. Aleth. der Länge nach à p. 123. ad p. 133. theils von Nothwendigkeit unter den Juden das Gesetz von Vermehrung des Menschlichen Geschlechts zu erfüllen/ theils die castration und den gezwungenen coelibat umzustoßen aus verschiedenen autoribus vorbringet. Denn darin wiedersprechen wir ihm nicht. Das letztere mögen die Romanisten/ da sie können/ beantworten. Eines erinnere nur hiebey/ das Theoph. Aleth. wenn er in med. p. 125. auch den coelibatum sponte electum oder den selbst erwehlten coelibat verwirfft/ hierin Paulo 1. Cor. VII. außdrücklich zuwieder/ dafern ers auch von solchen verstehet/ die das donum continentiæ haben. Auff den LXXVII. §. da er von der Juden Freyheit viele Weiber zu nehmen redet/ ist schon droben geantwortet.

XXXIX. Im LXXIV. LXXVII. LXXVIII. und LXXIX. §. stellet Theoph. Aleth. vor ein und ander Exempel der Vielweiberigen im A. T. und damit der Polygynie Gültigkeit zu beweisen.

Ant-

Antwort.

1. Exempel können ohne gewissen Umbständen nicht angezogen werden wieder eine Regel, 2. Theoph. Aleth. schreibet selbst §. LXXXIX. p. 162. In der Schrifft/ darin doch eine Historie von 4000/ Jahren findet kaum 20. Exempel der Vielweiberigk. 3. Es hat aber doch auch nicht eben mit allen von Theoph. Aleth. angezogenen Exempeln seine Richtigkeit. Zum Exempel (welche Exempel beym Th. Aleth. §. LXXIV) von Hezron erhellet zwar aus 1. Chron. II, 9. 21. daß er mehr denn ein Weib müsse gehabt haben: dergleichen erhellet von seinem Sohn Caleb aus dem 18. und 19. v. und von dem Jerahmeel aus dem 26. v. des angezogenen II. cap. wo aber stehets/ daß sie selbige zugleich gehabt? von Caleb lesen wir vielmehr außdrücklich l. c. v. 19. Da Asyba starb NB. nam Caleb Ephrath. Von *Mosis* zweyen Weibern getrauet sich Theoph. Aleth. selbst nicht etwas gewisses zu schliessen. Andere Exempel sind zum theil so beschaffen/ das Th. Al. daraus/ daß dieser oder jener viele Kinder gehabt/ colligiret/ er habe auch zugleich viele Weiber gehabt/ gerade ob könten nicht auch viele Kinder nach länge der Jahren von einem Weibe/ oder auch von vielen nacheinander genommenen Weibern kommen. Solche Exempel sind im LXXVII. §. Th.

§. Theoph. Aleth: des Jairs Jud. X, 4. des Ebzans Jud. XII, 9. und des Abdons l. c. v. 14. Das Exempel *Davids* scheinet wol das mercklichste zu seyn/ insonderheit/ wenn wir betrachten die Worte GOttes/ mit welchen er den David durch Nathan anreden lassen 2. Sam. XII, 8. **Ich habe dir deines HErren Hauß gegeben/ darzu seine Weiber in deinen Schoß:** die denn Theoph. Aleth. §. LXXVII. zu einem solchen argument bringen:

Was GOtt als eine von ihm herrührende Wolthat anzeucht/ das ist keine Sünde.

Nun zeucht GOtt die Vielweiberey des Davids als ein von ihm herrührende Wolthat an.

Darumb ist die Vielweiberey des Davids keine Sünde.

Antwort.

1. Kan wol zugegeben werden/ daß die Vielweiberey des Davids keine Sünde/ als eines solchen/ der ein Göttl. privilegium nebst andern in diesem Stücke gehabt. Dadurch aber wird nicht alsofort aller andere Leute Vielweiberey justificirt.

2. So kan dennoch gleichwol auch allhier geleugnet werden der andere Satz/ weil das Geben der Weiber des Sauls in Davids Schoß nicht

nicht nothwendig das Geben derselben zu Ehe-Weibern bedeutet. Theoph. Aleth. kan diß selbst nicht allerdings in Abrede seyn. Darumb schreibet er l. c. also: Es werde durch diese Rede: in den Schoß geben / eine Königliche Herrschafft über die Weiber des verstorbenen Königes (welche zu Ehelichen dem Nachfolger in gewisser Maasse nach den Gesetzen der Hebreer/ wenn er nicht ein gar zu naher Bluts-verwandter/ obgelegen/ wie denn auch von David gemeldet wird/ daß er die beyden Weiber des Sauls *Rizpam* und *Æglam* genommen) verstanden/ oder eine Eheliche Herrschafft/ das ist gewiß/ wie jederman zugeben muß/ das Nathan hie rede *de polygamia seu possessione multarum uxorum Uriæ monogamia oppositâ*, von der Vielweiberey oder von dem Besitzen vieler Weiber/ so des *Uriæ* Einweiberey entgegen gesetzet. Wiewol ich dennoch gleichwol gantz nicht sehe/ wenn ich diese Rede vom blossen Königlichen herrschen über des verstorbenen Königes Weiber erkläre/ wie es alsdann gewiß sey/ daß allhie die Rede von der Vielweiberey. So machet ja auch das blosse Besitzen vieler Weiber noch nicht eine Vielweiberey: Wie in diesem Streit die Vielweiberey genommen wird, Theoph. Alethæus weiß selbst

N iii   nicht

nicht/ was er allhie redet. Eigentlich hievon ein rechtes Urtheil zu fällen/ so lesen wir nirgends in der Schrifft/ daß David des Sauls Weiber zur Ehe genommen. Und er hat auch selbige nicht nehmen können/ es were denn Sache/ daß er wieder das Göttliche Gesetz hette nehmen wollen seine Schwieger-Mutter (denn er hatte ja in der Ehe die Michol/ eine Tochter von einer der Weiber Sauls) oder/ wenn die etwan damahls schon verstorben gewesen/ seiner Frauen Stieff-Mutter/ die ja an der Schwieger-Mutter Stelle. Leset hievon ein mehres beym *Gerb. L. de Conjug. §. 223. Spanhem. Dub. Evang. P. III. p. 619. &c.* Bleibet also ein Judisches Mehrlein/ das David die Rizpam und Æglam Sauls Weiber soll genommen haben. Was davon zu halten/ daß Theoph. Aleth. schreibet/ es habe nach der Hebreer Gesetzen in gewisser Maasse dem Nachfolger eines verstorbenen Königes obgelegen die hinterbliebene Wittwen zu nehmen/ das lässet sich schliessen aus *Seldeni Uxor. Ebr. lib. I. c. X. p. 75.* dahin ich den Leser will verwiesen haben.

Salomons Exempel anlangend/ gestehet ja Theoph. Aleth. §. LXXVIII. selbst/ daß er das Gesetz/ so im XVII. Deuter. violirt. Mit dem Exempel des Königes Joas lässet sichs Theoph. Aleth. l. c. saurer werden/ als nöthig thut. Wir lesen hievon 2. Chronic. cap. XXIV, 2, 3. diese

Wor-

Worte: Joas thät/ was dem HErren wol=
gefiel/ so lange der Priester Jojada lebete.
Und Jojada gab ihm zwey Weiber/ und er
zeugete Söhne und Töchter. Hie spricht
Theoph, Aleth. hat gar ein hoher Priester und
zwar ein hochlöblicher hoher Priester/ dem Köni=
ge Joas nicht nur ohne Bestraffung vergönnet
zwey Weiber zu nehmen/ sondern ihm selbst die=
selbe gegeben: und siehet darzu von dem Joas/
daß er gethan/ was dem HErren wolgefallen/ so
lange dieser ihm zwey Weiber gebender Hoher=
Priester gelebet. Alles dessen bedarff es nicht/
wenn wir die Göttliche dispensation bey gewissen
Persohnen im A. T. admittiren. Wir lesen a=
ber doch auch nicht in den angezogenen Worten/
das Jojada dem Joas die zwey Weiber zu=
gleich gegeben/ oder daß er ihm die Zweyte
gegeben bey der ersten Lebens=Zeit. So
sind ja auch einige/ welche da wollen/ daß der Ho=
her=Priester Jojada/ nach Aussage dieser Worte
ihm selbst zwey Weiber genommen/ nicht aber/
daß er dem Joas zwey Weiber gegeben. Der
Hebreische Grund=Text kompt so wol der einen
als der andern Meynung zu statten. Denn da
lautet selbiger also: וַיִּשָּׂא־לוֹ יְהוֹיָדָע נָשִׁים
שְׁתָּיִם da denn das Wörtlein לוֹ beydes durch:
sibi, sich selbst/ und durch ei, ihm kan gegeben
werden: daß es also auch nicht unrecht/ wenn
man

diese Worte folgender maaßen verdolmetschet:
Und Jojada nam sich zwey Weiber. Aber
hierin braucht es keiner Weitläufftigkeit. Man
schaue an *Seld. Uxor. Ebr. l. I. cap. 8. p. 56.*
Richtet also Theoph. Aleth. auch mit seinen Exempeln wenig aus. Wir müssen zu dem schreiten/ was noch übrig ist beym Th. Alethæo.

XL. Im LXXXVII. §. (denn die vorhergehende si sind schon im vorigen mitgenommen)
samlet Theoph. Aleth. auch ein und das ander
aus dem N. T. für die Polygynie zusammen.
Denn da meinet er/ die Billigkeit der Polygynie
stehe zu erweisen:

a) Aus den Worten Pauli an den Titum c.
II, 12. da er uns ermahnet/ züchtig/ gerecht/ und
gottselig zu leben/ wie auch aus seinen Worten
im I. an die Thessal. c. IV. v. 4. 5. 7. Ein jeglicher
unter euch wisse seyn Faß zu behalten in Heiligung und Ehren/ nicht in der Lustseuche/ wie
die Heyden/ die von GOTT nichts wissen.
GOtt hat uns nicht beruffen zur Unreinigkeit/ sondern zur Heiligung. Wenn Th. Al.
pag. 154. diese Worte angezogen/ schreibet er:
Was hat uns *Paulus* allhie anders *recommendiren* wollen als das nehmen vieler Weiber? denn leben nicht die jenige gotselig/ welche
das gemeine Göttliche Gesetz: Seyd fruchtbar

und

und mehret euch &c. nach Möglichkeit erfüllen? Leben nicht die jenige gerecht/ welche einem jeden geben/ was sein ist/ und dem Weibe den Saamen/ der ihr zukompt/ mittheilen/ den Saamen aber/ der ihr und ihrem Kinde schaden kan/ nicht mittheilen/ sondern nur blosser Dinge zum Kinderzeugen/ worzu er von GOtt verordnet/ anwenden? Leben nicht die jenige züchtig/ welche da in der Ehe nicht Lust halber/ sondern nur Kinder zu zeugen (wie bey der Vielweiberey geschiehet;) leben/ und mit dem Weibe nicht/ ohne nur umb die Frucht zu erhalten/ zu thun haben? auff die Weise würden auch ja die böse Lüste des Fleisches nicht so offt bey einem Auffsteigen: unsere Gefässe würden in Heiligung und Ehre/ wie vor dem Fall/ gebrauchet werden. So würden wir ja auch unserm Beruff desto besser nachkommen/ wenn wir viele Weiber nehmen/ weil nicht geleugnet werden kan/ daß wir darzu von GOTT einen Beruff haben/ worzu wir natürliche Kräffte von GOtt bekommen. Dahin gehet Th. Al. Discurs p. 154. 155. 156. Aber vernehmet hierauff die Antwort. 1. Wer gottselig ein Göttliches Gesetz erfüllen will/ der muß es auch nach dem rechten Sinn GOttes erfüllen. Th. Aleth. aber hats noch nicht erwiesen/ daß der rechte Sinn des Göttl. Gesetzes: Seyd fruchtbar und mehret euch/ dieser/ daß man sich durch viele Weiber

mehren

mehren sölte. 2. Mißbrauchet ein Einweibiger seinen Saamen bey seinem einen Weibe/ daß er hat/ so bekenne ich das er **unrecht thue**: daraus folget aber nicht/ daß er selbigen nach Belieben mehren Weibern mittheilen soll. GOttes Verbot stehet ihm hie entgegen. 3. Nach der Zucht ist gleichfals/ so viel sich nach dem Fall thun lässet/ also in der Ehe zu trachten/ daß man nicht so sehr seine Lust zu büssen/ als Kinder zu zeugen mit seinem Weibe umbgehe. Lasse es unterdessen auch dahin gestellet seyn/ ob nicht die Erfahrung zeuge/ daß die/ so sich zu vielen Weibern halten/ mannigmahl viel lüsterner/ als die/ so sich nur zu einem Weibe halten/ ja daß solche/ je mehre sie gehabt/ je mehr sich hierin nach Veränderung umthun: welches dem/ das Theoph. Aleth. lehret/ schnurstracks zu wieder. 4. Soll das alles unser Beruff seyn/ worzu wir von GOtt natürliche Kräffte bekommen/ so muß auch unser Beruff seyn das Stelen/ das Tödten/ das Liegen &c. weil ja zu dem Stelen und Tödten unsere Hände/ zu dem Liegen unsere Zunge natürliche Kräffte hat.

β) Aus den Worten Pauli 1. Tim. IV, 1. 2. 3. da er das Verbot Ehelich zu werden eine verführische Teuffels-Lehre &c. nennet. S. Theoph. Aleth. *p.* 156. *med.* Antwort. Daraus folget nicht/ daß auch das Verbot viele Weiber zu nehmen eine verführische Teuffels-Lehre sey.

Ein

Ein anders ist Ehelich werden/ ein anders ist Ehebrecherisch werden (daß wird man/ nach Christi Urtheil/ durch das nehmen vieler Weiber.) Wer dannenhero dieses letztere verbeut/ dessen Lehre ist nicht eine verführische Teuffels- sondern eine Christliche Gottes-Lehre. Gar die Ehe verbieten (das die Romanisten bey gewissen Persohnen thun) und auff eine gewisse Weise dieselbe verbieten/ das sind Zweyerley.

γ) Aus den Worten Jacobi c. IV, 17. Wer da weiß gutes zu thun/ und thuts nicht/ dem ists Sünde. S. Theoph. Aleth. p. 157. pr. Theoph. Aleth. muß es vorhero besser/ als er ge- than/ darthun/ das die Polygynie an sich etwas gutes/ ehe er hierunter von der Polygynie subsu- miret.

δ) Aus den Worten Petri 1. ep. c. III, v. 6. da er die Weiber vermahnet ihren Männern un- terthan zu seyn/ wie die Sara dem Abraham gehorsam war/ und hieß ihn Herr. In Anse- hung dieser Worte schreibet Th. Aleth. p. 157. Fœminæ norunt ex 1. Petri III, 6. qvod Sa- ram imitari debeant, qvæ Abrahamum vocans Dominum suâ sponte ancillam su- am subministrabat. Væ illis, si huic præ- cepto Petrino morem non gerant, das ist/ die Weiber wissen aus dem *1 Petri III, 6.* daß
sie der

sie der Sara es nach machen/ welche/ wenn sie Abraham ihren Herren nennet/ ihm von selbst ihre Magd zum Weibe gibt. Wehe ihnen/ dafern sie diesem Befehl *Petri* nicht gehorsam nach leben.

Antwort.

Wird nicht allhie Theoph. Aleth. offenbahr/ wie sonsten an verschiedenen Oertern/ zu einem Pseudophilo, oder zu einem Kinde des Vaters der Lügen? wo stehet/ Pseudophile, beym Petro von Schuldigkeit im nachahmen der Sara/ als einer/ welche/ wenn sie Abraham ihren Herren genant/ ihm von selbst ihre Magd zum Weibe gegeben? die Weiber sollen der Sara nachahmen in dem/ das Sara ihrem Mann gehorsam gewesen/ und ihn Herr geheissen. Dieses saget Petrus nur/ und nicht was Th. Aleth. hinzusetzet. So lesen wir ja auch nicht einmahl im A. T. (das doch Theoph. Aleth. supponiren muß) daß Sara den Abraham ihren Herren genant/ wie sie ihm ihre Magd zum Weibe gegeben. Sie nante ihn ihren Herren/ da GOtt dem Abraham erschien/ und ihm von ihr/ der Sara/ einen Sohn versprach. Sehet das XVIII. im 1. B. Mos. v. 12. Und diß ist eben der Ort/ auff welchen Petrus allhie zielet. Was soll denn nun die Bedreuung der Weiber mit dem Weh/ so

The-

Theoph. Aleth. an die Weiber thut/ dafern sie es der Sara nicht nachmachen im freywilligen geben ihrer Mägde an ihre Männer? Es ist diß ein Donner ohne Knall.

So viel sind der Gründe des Theoph. Aleth. für die Polygynie aus GOttes Wort. Nachdem nun selbige umbgestossen/ könten wir es zwar anjetzo hiebey bewenden lassen/ weil aber Theoph. Aleth. doch noch sonsten etwas hat/ damit er sich behelffen will/ als wollen wir auch dasselbe nicht vergessen.

Das erste ist/ daß er allerhand Nutzbarkeiten erzehlet/ welche theils die Ehe-Männer/ theils die Jünglinge/ theils die Eheweiber Jungfern/ theils die Kauffleute/ theils die Reisende zu Wasser und Lande/ theils die Soldaten/ theils die Alten/ theils die Kinder/ theils die Eltern/ theils die Bauren und allerhand Haußhalter / theils Obrigkeitliche Persohnen / theils die Prediger/ theils die Kirchen/ theils das gemeine Weltwesen/ theils vieler Gewissen davon haben würde/ wenn die Polygynie zugelassen were. Die speciale Benennung dieser Nutzbarkeiten ist der Länge nach abzustraffen im XIX, §, des Polit. Disc. Es lässet sich aber alles dieses mit drey Worten wiederlegen. Honestum utili præferendum. Item: Non sunt facienda mala, ut eveniant bona. Das ist/ das/ was ehrbahr ist/ muß man dem vorziehen/ was nützlich ist. Und: Man soll nicht etwas böses thun/

daß etwas gutes darauß werde. Das aber die Polygynie etwas böses sey/ hat diese unsere Schrifft gelehret. Thut dannenhero nicht einmahl nöthig/ absonderlich eine jede Nutzbarkeit allhie vorzustellen und zu erörtern. Und wie? fallen nicht Theoph. Aleth. eigene Worte (doch er hat sie von *Pufendorfio*; aber mit dissimulirung/ entlehnet aus dem *tract. de J. N. & G. p. 779.*) im LXXIII. §. p. 116. also: Largimur qvidem utraq; manu incommoda qvædam domestica, odia novercalia, discordias Zelotypicas, aliaq; polygamiam comitari, das ist/ wir geben mit beyden Händen zu/ daß bey dem nehmen vieler Weiber einige Häußliche Beschwerligkeiten/ Stieff-Mütterliches hassen/ eifersüchtige Uneinigkeit und dergleichen Vorfälle. Genug/ daß dieses Theoph. Aleth. mit Pufendorfio gestehet: weil auff die Weise das nehmen vieler Weiber nicht nur in gewissen Stücken nützlich/ sondern auch in gewissen Stücken schädlich.

Das andere ist/ daß Th. Aleth. schreibet/ man lese nirgends/ daß die Väter der Kirchen das nehmen vieler Weiber als eine Sünde wieder das Natur- oder *Moral-*Gesetz oder wieder das N. T. getadelt: und sage außdrücklich *Augustinus lib. 22. contra Faustam c. 47.*
Qvando

Qvando mos erat, plures habere uxores, crimen non erat, nunc propterea crimen est, qvia mos non est, das ist/ wie es die Weise war/ viele Weiber zu haben/ war es keine Sünde/ jetzo ist es darumb Sünde/ weil es nicht die Weise: *Hieronymus ad Pammachium* schreibe also: Non damno Polygamos, das ist/ ich verdamme nicht Vielweiberige: und/ ob gleich *Hieronymus* aus Haß des *Jovinianismi* in einen solchen Irrthum gerathen/ daß er das Ehlose Leben und den Jungfer-Stand der Ehe vorgezogen(so habe er doch als ein im Gewissen hievon bezeugeter die *Polygamie* nicht verdammen können: so haben ja auch die übrigen Väter der Kirchen/ bey Untersuchung der Schrifft nicht sagen können/ daß die *Polygamie* der Heil. Schrifft entgegen.

Antwort.

1. Was hievon zu halten/ will ich den Leser urtheilen lassen aus folgenden Worten der Kirchen Väter. *Lactantius* hat l. VI. Instit. Div. c. 23. (*p. 513. f. &c. edit. Col. Allobr. a. 1613.*) dieses: Nondum omnia castitatis officia executus sum, qvam non modò Deus intra privatos parietes, sed etiam præscripto

ptô lectuli terminat, ut, cum qvis habeat uxorem, neqve servam neqve liberam habere insuper velit, sed matrimonio fidem servet. Non enim, sicut publici juris ratio est, sola mulier adultera est, qvæ habet alium, maritus autem, etiamsi plures habeat, à crimine adulterii solutus est. Sed divina lex ita duos in matrimonium, qvod est in corpus unum, pari jure, conjungit, ut adulter habeatur, qvisqvis compagem corporis in diversa distraxerit. Nec ob aliam causam Deus, cum cœteras animantes suscepto fœtu maribus repugnare voluisset, solam omnium mulierem patientem viri fecit, scil. ne fœminis repugnantibus libido cogeret viros aliud appetere, eôq; factô castitatis gloriam non tenerent, Das ist/ ich habe noch nicht gehandelt von aller Gebühr der Keuschheit/ als welche GOtt nicht nur in die *privat* Wände/ sondern auch in gewissen Schrancken des Bettes einschrencket/ so daß/ wenn jemand ein Eheweib hat/ *NB* er nicht begehre noch eins/ es sey eine Magd oder Freye/ darzu zu haben/ sondern die Eheliche Treue halte. Denn da ist nicht/ wie es sonsten das öffentliche

liche Recht mit sich bringet/ allein das Weib eine Ehebrecherin/ daß einen andern hat/ der Mann aber/ ob er gleich viele hat/ frey vom Ehebruch: sondern NB das Göttliche Gesetz verbindet also ihrer Zweene in die Ehe/ welche einen Leib haben will/ mit gleichen Recht/ daß der vor einen Ehebrecher zu halten/ der das Band des Leibes von einander reisset. Und hat GOtt umb keiner Ursachen willen/ da er gewolt/ daß andere Thiere nach Empfängnuß ihren Männern wiederstreben/ einhig und allein das Weib unter den Menschen also erschaffen/ daß es dem Manne gehorsam ist/ damit nicht/ wenn die Weiber sich wiedersetzen möchten/ die Männer von der Lust möchten gezwungen werden etwas anders (ein ander Weib) zu begehren/ und also den Ruhm der Keuschheit verlieren (welches letztere auch unter andern zu mercken wieder das/ was Theoph. Aleth. alsobald im III. §. seines Polit. Disc. vom Abscheu der Weiblichen Natur vom Beyschlaff bey den Männern nach der Empfängnuß vorbringet.) *Ambrosius*, wenn er von Abrahams Polygamie geredet/ und ihn deßwegen entschuldiget/ schreibet l. 1. de Abrah. Patr. c. IV. (*p. 177. post pr. edit. Basil. a. 1567. T. IV*) also: Nec viro licet, qvod mulieri non licet.

licet. Eadem à viro, quæ ab uxore debetur castimonia &c. Das ist/ Was dem Weibe nicht vergönnet ist/ das ist dem Manne auch nicht vergönnet. Von dem Manne wird eben die Keuschheit erfodert/ die vom Weibe erfodert wird. Beym *Chrysostomo* heissets Homil. LXIII. in Matth. über die Worte Christi von der Ehe beym Matthæo im XIX. (T. II. opp. edit. Lat. Ven. 4. 1574. fol. 181. b.) folgender gestalt: Non dixit, qvia virum & mulierem unam solum modo fecit, verùm etiam qvia jussit, ut unus uni conjugatur. Nam si voluisset alteram etiam conduci uxorem, uni viro creato multas conformasset mulieres: nunc verò ut creationis, & sanctionis modo, unàm uni perpetuò conjungi & nunqvam rescindi oportere perdocuit. Das ist/ Christus saget nicht allein/ daß GOtt einen Mann und eine Frau gemachet/ sondern auch/ daß er befohlen/ daß ein einziger mit einer einzigen sich verbinden solte. Denn wenn er gewolt hette/ daß man auch eine andere nehmen solte/ so hette er zu dem einzigen Mann/ da er ihn erschaffen/ auch mehre Weiber erschaffen: nun aber hat er wie durch die Schöpfung/ also auch

Befehligungsweise gelehret/ daß allezeit eine eintzige mit einem eintzigem zu verbinden/ und nimmer von ihm zu trennen. Der *Autor operis imperfecti in Matth.* spricht homil. XXXII (so in *Chrysost.* Oper. zu finden *l. c. fol. 322. A, in f. &c.*) ebenermaaßen in Ansehung der Rede Christi beym Matth. im XIX. Non (dixit) masculum & multas foeminas, ut uni masculo liceat plures foeminas possidere, neqve masculos & foeminam, ut uni foeminae liceat plures viros accipere: sed masculum & foeminam, ut una foemina nullum masculum putet factum esse in seculo praeter unum: ut unus masculus nullam putet foeminam esse factam in seculo, nisi unam. Non enim duas aut tres costas detulit de latere viri, & duas aut tres fecit mulieres &c. Das ist/ er (Christus) hat nicht gesagt/ einen Mann und viele Weiber/ daß es einem Mann frey stehe viele Weiber zu nehmen; auch nicht/ Männer und ein Weib/ daß es einem Weibe frey stehe/ viele Männer zu nehmen: sondern einen Mann und ein Weib/ damit ein eintziges Weib das vorhalte/ ob sey nicht mehr als ein eintziger Mann in der Welt erschaffen: daß auch ein einkiger Mann davor halte/ ob sey nicht mehr als ein einkiges Weib in der Welt erschaffen. Den Gott hat ja nicht zwo oder drey Rieben von der Seite des Mannes genommen/so hat er auch nicht zwey oder drey Weiber gemachet &c. Und hernacher *fol. 323. a.* Qvi dimittit conjugem suam, & aliam non accipit adhuc maritus est - - Non ergo, qvi dimittit, mœchatur, sed qvi alteram ducit, das ist/ wer sich von seinem Weibe scheidet/ und keine andere nimpt/ der ist noch ihr Mann ꝛc. Bricht dannenhero nicht die Ehe der/ welcher sich scheidet/ sondern der/ welcher eine andere nimpt. *Theophylacti* hieher gehörende Worte über das XIX. cap. Matth. sind diese: Non oportet unum virum multis copulari, nec unam fœminam multis viris, sed ut initio conjuncti sunt manere, das ist/ es gebüret sich nicht/ daß ein Mann viele Weiber/ und daß ein Weib viele Männer habe/ sondern sie müssen so bleiben/ wie sie im Anfang verbunden. In der V. Homil. des gedachten *Chrysostomi* über den ersten Brieff P. an die Thessal. (*T. IV. Opp. edit. cit. fol.* 493. *col. ult.*) lautets unter andern. Non hoc duntaxat adulterium est, qvod mulierem viro conjun-

conjunctam corrumpimus, sed & si dimissam ac solutam, ipsi uxoribus allegati, corruperimus, adulterium est, das ist/ es ist nicht nur das ein Ehebruch/ wenn einer bey einem Weibe/ so einen Mann hat/ schläfft/ sondern auch wenn einer/ da er schon ein Weib hat/ bey einer geschiedenen oder ledigen schläffe. Leset das übrige beym Chrysostomo selbst. Wenn *Albinus* (*Alcuinus*) Caroli des grossen gewesener Præceptor in seinen Qvæstionibus in Genesin (*in Orthodoxogr. Theol. Doct. p.1070. f.*) also gefraget: Qvomodo defenditur Abraham adulterii reus non esse, dum vivente legitimâ Uxore suâ conjunctus est ancillæ suæ? das ist/ wie lässet sich Abraham verthädigen/ daß er kein Ehebrecher gewesen/ da er beym Leben seiner rechten Frauen sich zu seiner Magd gethan? Antwortet er hierauff also: Nondum promulgata erat unius uxoris lex Evangelica, das ist/ es war damahls das Evangelische Gesetz von einem eintzigen Weibe noch nicht *promulgiret*. Supponiret dannenhero allhier der Albinus, daß/ wenn Abraham jetzo nach Promulgirung des Evangelischen Gesetzes das obgemeldte gethan hette/ er hiedurch würde die Ehe gebrochen haben. Stehet in eben denselben Gedancken/ in welchem vor ihm

O iii   gestan-

gestanden *Ambrosius* cit. l. I. de Abrah. Patr. c. IV. (*p. 176. cit. ed. Basil. a.* 1567.) da er sich also verlauten läst: Qvia Abraham ante legem Moyſi & ante Evangelium fuit, nondum interdictum adolterium videbatur. - - Non ergo in legem commiſit Abraham, ſed legem prævenit. Das ist/ weil Abraham vor dem Gesetze *Moſis* und vor dem *Evangelio* gelebet/ scheinet damals der Ehebruch noch nicht verboten gewesen zu seyn. - - Hat er derowegen nicht wieder das Gesetz gehandelt/ sondern ist dem Gesetz zuvorgekommen. *Augustinum* anlangend/ habe ich droben in der Antwort auff die III. Frage (da vom Natur-Recht gehandelt worden) verschiedene Plätze aus seinen Schrifften angezogen/ daran man seine Meinung von der Polygynie antreffen kan. Was aus dem 47. *c.* des 22. B. *contra Faustum Manichæum* allhie von Theoph. *Aleth.* citiret/ das findet sich daselbst: es folget aber darauff unter andern: Nunc cui crimen est, ſi qvis hoc faciat, niſi qvia & moribus & legibus non licet? Qvæ duo qvisqvis contemſerit, etiam ſi tantummodo cauſā generandi uti poſſit fœminis pluribus, peccat tamen, & ipſam violat humanam ſocietatem, das ist/ warumb ist es jetzo Sünde/

POLYGYNIA.

de/ wenn jemand dieses thut (daß er/ wie Jacob mehr denn ein Weib nimpt/ denn hievon ist zuvor geredet/) ohne weil es theils nach den Sitten/ theils nach den Gesetzen unzuläßig? wer aber diese Zweyerley verachtet/ ob er gleich nur umb des Kinderzeugens willen sich möchte zu vielen Weibern halten/ der sündiget dennoch/ und verletzet die Menschliche Gesellschaffe (*T. VI. Opp. Edit. Basil. a.* 1540. *col.* 415. C.) Wolte jemand einwenden/ wenn *Augustinus* allhie redet von Unzuläßigkeit der Polygynie nach den Gesetzen/ daß er nur die Menschliche Gesetze im Sinne habe/ so wird er gebeten zu erwegen/ was eben dieser *Augustinus* lib. 2. de adulterinis conjugiis ad Pollentium cap. VIII. (*cit: T. VI. opp. col.* 858. D) geschrieben hat: Christianis eqvidem loqvor, qvi fideliter audiunt, caput mulieris vir: ubi se agnoscunt duces, illas autem comites esse debere. Et ideo cavendum viro illac ire vivendo, qvà timet ne uxor seqvatur imitando. Sed isti qvibus displicet, ut inter virum & uxorem par pudicitiæ forma servetur, & potiùs eligunt, maximeq; in hac causa, mundi legibus subditi esse NB qvàm Christi, qvoniam jura forensia non eisdem qvibus fœminas pudicitiæ nexibus viros videntur

videntur obstringere; legant, qvid Imperator Antoninus, non utiqꝫ Christianus, de hac re constituerit, ubi maritus uxorem de adulterii crimine accusare non sinitur, cui moribus suis non præbuit castitatis exemplum, ita ut ambo damnentur, si ambos pariter impudicos conflictus ipse convicerit &c. Das ist/ Ich rede mit Christen/ die im Glauben annehmen/ daß der Mann des Weibes Haupt/ da sie denn zuerkennen haben/ daß sie Führer/ die Weiber aber Gefehrten seyn sollen. Hat sich dannenhero ein Mann vorzusehen/ daß er nicht etwan solche Wege gehe/ auff welchen er fürchtet daß ihm sein Weib folgen möchte. Die aber/ welche damit nicht zu frieden/ daß zwischen dem Mann und Weibe gleiche Art der Keuschheit in acht genommen werde/ und die da lieber wollen/ insonderheit in dieser Sache/ den Weltlichen *NB* als Christi Gesetzen unterthan seyn/ weil die Weltliche Rechte den Mäñern im Keuschheits-Punct nicht scheinen so hart zu fallen/ als den Weibern/ die lesen doch/ was der Käyser *Antoninus*, der trauen kein Christ gewesen/ hievon geordnet/als welcher dem Mann nicht gestattet sein Weib wegen

gen Ehebruchs anzuklagē/wenn er ihr kein gutes Exempel in der Keuschheit gegeben/ so daß sie beyde zu verdammen/ wenn die Untersuchung der Sachen außgewiesen/ daß sie beyde gleich unkeusch gewesen &c. Was sonsten hievon beym *Angustino*, das mag/ so er will/ der Leser selbst nachschlagen: ich habe ihm droben durch Bezeichnung gewisser Oerter darzu anlaß gegeben. Im *Hieronymo* lieset man epist. ad Occanum (so die 30ste:) Aliæ sunt leges Cæsarum, aliæ Christi: aliud Papinianus, aliud Paulus noster præcipit. Apud illos viris impudicitiæ fræna laxantur, & solo stupro atqve adulterio condemnato, passim per lupanaria & ancillulas libido permittitur, qvasi culpam dignitas faciat, non voluntas. Apud nos, qvod non licet fœminis, æqvè non licet viris, & eadem servitus pari conditione censetur: das ist/ ein anders sind der Kayser/ ein anders Christi Gesetze: ein anders gebeut *Papinianus*, ein anders unser *Paulus*. Bey jenen wird den Männern der Zügel der Unkeuschheit loßgelassen/ und allein die Schändung und der Ehebruch verdammet/ sonsten aber allerley Unzucht in den Hurhäusern und mit den Mägden zugelassen/ gerade ob könte die Würde eine Schuld machen/

chen/ nicht aber der Wille. Bey uns ist das/ was den Weibern nicht zugelassen/ auch den Männern nicht zugelassen: und wird einerley Knechtschafft auff gleiche Art und Weise geschätzet. *Th. Aletheus* hat zuvor! gesagt/ *Hieronymus* schreibe also *ad Pammachium:* Non damno Polygamos, das ist/ ich verdamme nicht die Vielweiberige. Ist wahr/ daß dergleichen beym Hieronymo stehet/ nemlich l. 1. adv. Jovin. (*edit. Parif. Victor. a.* 1624. *Vol.* I. *Opp. p. 330. col. a.*) und in Apolog. pro libris adv. Jovin. ad Pammachium (*p. 390. a. edit. cit.*) da die Worte also lauten: Non damno digamos, Imò nec trigamos, &, si dici potest, octogamos, plus aliqvid inferam, etiam scortatorem recipio poenitentem, das ist/ Ich verdamme nicht die Zweyweiberige/ ja auch nicht die Dreyweiberige/ und/ wenn mans sagen kan/ die Achtweiberige/ ich will noch weiter gehen/ ich nehme auch einen *NB* bußfertigen Hurer wiederumb an. Was aber hiebey zu wissen? 1. Das Hieronymi Rede allhie nicht von der Polygamia simultanea, wie mans nennet/ oder von der Vielweiberey auff einmahl/ sondern von der Polygamia succesliva, von der Vielweiberey/ da man viele Weiber nach einander hat. Diese verdammet Hieronymus nicht

(ob

POLYGYNIA.

(ob er gleich) derselben sonsten nicht gar zu geneigt/ wie aus gedachten Büchern erhellet:) und diese verdammen wir unsers Ortes ja auch nicht. Worzu führet denn Theoph. Aleth. diese Worte wieder uns an? Ist eine Ignoratio Elenchi, eine muthwillige Unwissenheit/ dafern Theoph. Aleth. Hieronymum selbst gelesen/ woran ich doch zweiffele. 2. So ist noch darzu aus dem Schluß des Hieronymi abzunehmen/ daß er bey denen/ so er in diesem Stück nicht verdammet/ eine Busse erfodere. 3. Daß es unterdessen nicht ertichtet/ daß *Hieronymus* allhie von der Polygamia successiva, oder von der Vielweiberey/ da man viele Weiber nach ein ander hat/ rede/ ist offenbahr/ aus der Apologia pro libr. adverſ. Jovin. ad Pammachium (*l. c. p. 394. f. &c.*) da ich dieses finde: Ego liberâ voce proclamo, non damnari in Ecclesia digamiam, imò nec trigamiam, & ita licere, qvinto & sexto & ultra, qvomodo & secundo marito, nubere. Sed qvomodo non damnantur istæ nuptiæ, ita nec prædicantur. Das ist/ Ich ruffe mit freyer Stimme/ daß in der Kirchen nicht verdammet werde die Zweyweiberey/ (Zweymännerey) ja auch nicht die Dreyweiberey (Dreymännerey) und daß also auch einem Weibe frey stehe den Fünfften/ Sechsten/ und so weiter mehre/ wie den andern

andern Mann/ zu nehmen. Wie aber solche Ehen nicht verdammet werden/ also werden sie auch nicht geprediget. Will Theoph. Aleth dabey bleiben/ Hieronymus verdamme nicht die Vielweiberey auff einmahl/ so muß er auch gestehen/ das Hieronymus vermöge der jetzo angeführeten Worte auch die Vielmännerey auff einmahl nicht verdamme: welches er doch/ alldieweil er ja selbst die Vielmännerey auff einmahl hin und wieder verdammet/ keines weges gestehen wird. Muß noch eins erinnern vom *Origine,* der nach Th. Aleth: anzeige im LXII. §. seines Discurses sagen sol: esse felicissimum, qvi plures habet uxores, das ist/ daß der jenige sehr glücklich sey der da viele Weiber hat. Höret aber/ was vom *Origine* in diesem Stück schreibe *Petrus Martyr* Locor. Commun. class. sec. fol. 144. a (*edit. Tigur. a.* 1580.) Ex Origene nihil possumus habere certi. Ita ludit in suis allegoriis, & plures uxores facit plures virtutes: & eum ait esse felicissimum, qvi habeat plurimas, das ist/ aus dem *Origene* kan man nichtes gewisses haben (verstehe von der Vielweiberey.) Denn er spielet mit seinen verblümten Reden/ und machet viele Weiber zu vielen Tugenden/ und saget/ daß der jenige glücklich sey/ der da ihrer viele habe.

Und

Und trauen hette *Origenes* die Vielweiberey im eigentlichen Verstande vor ein so sonderliches Glück gehalten/ so würde er sich/ nach *Eusebii* bericht *Histor. eccl. lib. 6. c. VIII.* nicht selbst castriret haben. Allein hievon genug. Theoph. Aleth. lerne von nun an die Kirchen-Väter besser kennen/ als er sie bißhero gekant. Billige unterdessen doch auch nicht alle und iede Meynungen/ so von dieser Sache die Kirchen-Väter haben. Theoph. Alethæi Hauptzweck kan zum wenigsten aus denselben keinen Zuschub erlangen.

Das dritte ist/ daß Theoph. Aleth. seine Lehre von der Polygynie mit der autorität des sehl. D. Luthers zu bemänteln tracht/ wenn er p. 159. 160. aus desselben Commenta. io in Genesin etwas für sich anführet. Die Worte/ so am härtesten fallen/ heissen also: Bistu ein Christ/ must du dich nicht scheiden. Aber nicht verboten/ daß ein Mann nicht mehr denn ein Weib dörffte haben. Ich kunte es noch heute nicht wehren/ allein rahten wolt ichs nicht. Antwort. 1. Es ist wahr/ daß diese Worte gefunden werden in der A. M.D.XXVIII. von Luthero gemachten Erklärung über das 1. Buch Mosis (*ed. Germ. Jen. a. 1560. T. IV. fol. 95. a. in fine:*) allein in den Lateinischen Enarrationibus in Gen. die Vitus Theodorus im M. D. XLIV. Jahr mit seiner/ und auch Lutheri (der damahls noch im Leben

Leben gewesen) eigenen Præfation zu Nürenberg hat angefangen drücken zu lassen/ lesen wir das gantz und gar nicht. Sehen daraus/ daß Lutherus in den letzteren Jahren zu andern Gedancken müsse gekommen seyn/ bevorab weil in jetzo erwehnten Enarrat. in Genes. nachdem daselbst von Abrahams zuthun zu der Hagar geredt/ fol. LXIII. pag. b. außdrücklich dieses gefunden wird: Ex hoc facto non est constituendum exemplum, qvasi nobis eadem liceat facere. Circumstantiæ enim considerandæ sunt. Nobis non est facta promissio seminis, sicut Abrahæ, & ut maximè habeas sterile conjugium, nihil inde periculi est, etiamsi tota tua progenies, ita volente Dominô, occidat. Abraham autem non solùm habebat promissionem seminis, sed constabat qvoqve Saram esse sterilem. Hæ circumstantiæ apud te non habent locum. Igitur singulare hoc horum conjugum factum neutiqvam in exemplum est trahendum, præsertim in novo Testamento, das ist/ von dieser That soll man kein Exempel nehmen/ als wenn uns eben dieses zu thun vergönnet were. Denn da müssen die Umbstände erwogen werden. Uns ist nicht die Verheissung des Saamens/

wie

wie dem Abraham/ geschehen/ und/ wenn gleich unser einer eine unfruchtbahre Ehe hat/ so ist dabey keine Gefahr/ solte auch unser gantzes Geschlecht nach GOTTes Willen untergehen. Abraham aber hatte nicht nur die Verheissung des Saamens/ sondern er wuste auch/ daß seine Sara Unfruchtbar war. Diese Umbstände haben bey unser einem nicht Platz. Derowegen muß man diese sonderbahre That dieser Eheleute keinesweges nachahmen/ vornemlich NB. im Neuen Testament. Was kan klarer geredet werden? 2. Gesetzet unterdessen/ doch nicht zugegeben/ das Lutherus bey seiner ersten Meynung (so in der A. M.D.XXVIII. gemachte Erklärung über das erste B. Mosis zu finden) beständig geblieben were/ so ist selbige gleichwol der Meynung des Th. Alethæi noch nicht gleichförmig. Theoph. Alethæus saget nicht nur/ daß das nehmen vieler Weiber in GOttes Wort nicht verboten/ sondern er saget gar/ daß es darin geboten/ und also nothwendig sey/ auch noch heutiges Tages: deßwegen er denn auch mit aller Macht zur Beförderung desselben/ insonderheit am Ende seines Discurses/ alle Stände ermahnet. Lutheri Rede aber fällt ja außdrücklich also: Ich könte es noch heut nicht wehren/ allein NB rahten wolt
ichs

ichs nicht. Und im folgenden Spricht er: doch
wolt ichs nicht auffbringen. 3. Lutherus möch=
te endlich in diesem Stück statuiret haben/ was er
wolte/ wir folgen ihm nicht weiter/ alß so ferne er
dem Göttlichen Worte gemäß dieses oder jenes
statuiret.

Das vierdte ist/ das Theoph. Aleth. eini=
ge Exempel grosser Herren und Potentaaten
anführet/ die auch zur Zeit N. T. viele Weiber
gehabt/ als des Kaysers Commodi, Constantii,
Constantis, Valentiniani, Caroli M. Lotharii,
des Landgraffen von Hessen Philippi und des
Graffen von Gleichen. S. s. LXXXIX.

Antwort.

1. Exempel sind nicht Regeln. 2. *Commo-
dum* anlangend/ wundert mich/ das Theoph. A-
leth. damit auffgesliegen kompt/ weil selbiger/
nach Außsage der Historien=Schreiber/ ein gantz
unflätiger Mensch gewesen. Man lese nur/
was der gelehrte *Rupertus* von ihm angemercket
Observat. in Syn. Histor. Besoldi p. 332. 333.
Dicam paucis (spricht unter andern *Rupertus l. c.
p. 333.*) Hircosus, putidiorq; omnibus
cloacis princeps hic fuit, das ist/ ich wils mit
wenigem sagen: Es ist dieser Herr ein stin=
ckender Bock/ und garstiger gewesen/ als al=
le *Cloacen.* Hat er doch/ mit ehren zu melden/
gar den Menschendreck unter die Speisen ge=
menget.

menget. Wol wehrt/ daß man von einem solchen ein Exempel nehme. Vom *Constantino* (mit dem Zunahmen Chloro, Constantini M. Vater) wissen wir aus den Historien/ daß er zu Weibern gehabt Flaviam Juliam Helenam, und Flaviam Maximianam Theodoram. Allein/ wir wissen auch dabey/ daß er die letztere nach repudiierung der ersten genommen. Der Meynung ist nicht nur *Baronius ad A. Chr. CCCVI.* §. *17. 18.* sondern auch der genante *Rupertus l. c. p. 415.* wie fein sich *Constans* Constantini M. Sohn in Ansehung des sechsten Gebots bezeiget/ will ich den Leser nachschlagen lassen beym *Osiandro epit. Histor. Eccles. Cent. IV. lib. 3. cap. VII. p. 282.* Er wird gar daselbst von Sodomiterey etwas finden. Von dem Kayser *Valentiniano* ist schon droben geredet. Was *Caroli M.* Vielweiberey betrifft/ mag man lesen *Spondan. ad A. C. 771. §. II. III. & ad A. C. 814. §. V.* Da man theils vernehmen kan/ daß er die Hildegard nach Abschaffung der Berten genommen/ theils daß er noch vor seinem Ende wegen seiner Leichtsinnigkeit in Ehelichen Sachen Busse gethan/ wiewol von dem letzteren noch etwas zu reden stünde.

1 Von *Lothario* dem Kayser schreibet Theoph. Aleth. daß ihm der Ertzbischoff zu Trier Tengualdus, und zu Cölln Contrarius zwey Weiber zugelassen. Ist zu verstehen von dem Sohn Lotharii des 1. Kaysers dieses Nahmens/ welchen

P , *Marianus*

Marianus Scotus Chron. lib. III. æt. VI. pag. 442. col. a. & b edit. Pistor. Imperatorem, einen Kayser/ nennet/ da andere ihn nur Regem, einen König/ nennen/ und seinen Bruder Ludovicum für den rechten Kayser halten. Daß diesem Lothario die gedachte Bischöffe (in den Nahme variieren doch die autores) zugelassen die Königin Theutpergam zu verstoffen/ und eine Wadradam zu nehme/ ist wahr. Man kan hievon unter andern Nachricht finden bey dem jetzt angezogenen *Mariano Scoto l. c.* wie auch beym *Sigeberto Gemblacensi Chronograph. ad A. 862.* &c. insonderheit aber beym *Reginone Chron. lib. II. p. 43. edit. Pistor.*

Aber man kan auch bey den citirten autoribus finden/ daß deßwegen viele Händel in der Kirchen entstanden/ ja daß die Bischöffe deßwegen ihrer Dienste entsetzet. Conteriret *Spondan. ad A. C. 862. §. IV. V. & ad A. C. 863. §. III. IV.* Worzu denn nun die von Theoph. Aleth. betrieglich (ohne Benennung gewisser Scribenten/ so davon handeln) angezogene Exempel der Vielweiberigen Kayser? wegen des Landgraffen von Hessen *Philippi* will ich keine Wort machen. Es hat unter andern H. D. *Siricius* vormahls Heßischer und jetzo Mecklenburgische Theologus, schon darauff geantwortet in seine Unâ Uxore, wie ich mich denn erinnere eine er-

klecklich

klecklicher Antwort darin gelesen zu haben: jetzo ist mir diß Buch nicht zur Hand. Mit dem Graffen von Gleichen ist es ein gantz sonderbahres Exempel/ davon auch hin und wieder judicia bey unsern Theologis.

Das fünffte ist/ daß Theoph. Aleth. §. XC. p. 165. schreibet/ daß Lutheri Lehre von dem nehmen vieler Weiber dem Pabst Anlaß gegeben/ durch seine Nuncios Apostolicos, wie Sleidanus melde/ auff verschiedenen Reichstagen der Protestirenden oder Lutheraner Lehre bey Carolo V. schwartz zu machen/ als solcher/ die da Türcken weren/ weil sie die Polygamie guthiessen/ und ihn dahin zu vermögen/ daß er in der Peinlichen Halsgerichts-Ordnung das nehmen vieler Weiber bey Lebensstraff verboten.

Antwort.

Wo stehet dieses / Theophile Alethæe, beym Sleidano? In welchem Buch/ und auff welchem Blatt saget ers? Der Cardinal Farnesius (das ist nicht ohne) hat/ nach Anzeige des gedachten *Sleidani* lib. XIII. Comment. de Statu Rel. & Reip. fol 310. a. edit. a. 1555. in beyseyn Caroli und seines Bruders Ferdinandi sich unter andern solcher Worte verlauten lassen: non facilè posse discerni, utri magis Christum oppugnent, Protestantes an Turcæ: nam hos quidem in corpora tantùm sævire, sed ab illis etiam animas in sempiternum exitum trahi, das ist/ es lasse sich nicht wol sagen/ wer Christo mehr zuwieder/ die Protestirende oder die Türcken: denn diese tyrannisirten zwar wieder die Leiber/ jene aber zögen gar die Seelen ins ewige Verderben. Will etwan Theoph. Alethæus aus dieser Beschuldigung (dergleichen auch in der præfation des Exlegati Pontificii *Hieronymi Rorarij* über sein Büchlein: Qvod Animalia bruta ratione utantur meliùs Homine) das/ was er schreibet/ daß es im Sleidano stehen solle/ herausklauben? Ist viel zu general und impertinent darzu. Ich finde hie nichtes von Schwartzmachung der Protestirenden bey dem Kayser/ als solcher/ die da Türcken wegen Gutheissung der Polygamie &c. Ich finde vielmehr im Gegentheil in des *Sleidani XIV. B. fol. 342. b.* das Lutherus die Romanisten und Türcken unter andern darin verglichen/ daß sie beyderseits Ehschänder/ und/ wegen Verachtung des Göttlichen Ehegesetzes/ so gestraffet werden/ daß sie/ von GOtt gäntzlich verworffen/ sich auff abscheuliche Unzucht legen/ und die Ordnung der Natur auffs greulichste verkehren. In der præfation *Luth.* über die Articulos Smalcaldicos lesen wir sonsten/ daß dem Könige in Franckreich von den Protestirenden die impression gemachet/ daß unter ihnen keine Ehe were/ sondern daß sie/

wie

wie das unvernünfftige Vieh/ untereinander nach Willkühr lebeten: welches denn Lutherus daselbst crassum und prodigiolum mendacium nennet. Kan seyn/ daß der Protestirenden Feinde das jenige/ was sie von den Wiedertäuffern gehört (davon bey schon erwehnten *Sleidano lib. X. fol. 231. a*) auff die Protestirende außgesaget: wie denn auch Carolum V. in der Peinl. Halsgerichts Ordnung die Polygamie bey Lebensstraffe zu verbieten/ nicht/ wie Theoph. Aleth. vorgibt/ die Lehre Lutheri (denn was der für eine Lehre hievon führe/ ist schon angezeiget) sondern vermuthlich der Wiedertäuffer Lehre und praxis bewogen.

Hette sonsten noch eins und das andere zu erinnern. Weil aber dem Hauptwerck sein Recht geschehen/ als lasse ichs bey diesem.

Will jetzo Teoph. Aleth. da ihm die Warheit klar gewiesen ist/ mit sehenden Augen nicht sehen/ so mag er zu sehen/ wie er fahre. Hat wol nöthig/ GOtt dem HErren das Aergernuß/ so er der Christenheit Schrifft- und Mündlich in diesem Stück gegeben / flehentlich abzubitten. Traue ihm gar nicht/ daß/ wie er im C. 5. seines neulich in 4to herausgegebenen Teutschen Discurses zwischen Polygamo und Monogamo sich verlauten läst/ einige unser vornehmen Theologen/ so er daselbst genant/ heimlich mit ihm unter einer Decken solten gelegen haben/ oder auch noch liegen.

liegen. Ihre zweiffels ohne nicht wieder Gewissen an den Tag-gegebene Schrifften und ihre sonsten auch kundbahre Orthdoxie heissen uns gantz anders glauben. Die Juden/ Socinianer und Atheisten/ wie auch andere/ so er ihnen an die Seite setzet/ gehen uns nicht an. GOTT erleuchte alle/ die im Finstern mit ihm tappen. Ich schliesse mit den Worten/ mit welchen *Ludovicus Vives* seinen Commentarium über die Bücher *Augustini* de Civitate Dei beschlossen. Si qvid dixi, qvod placeat, habeat Lector gratiam DEO propter me: si qvod non placeat, ignoscat mihi propter Deum, & maledictis det veniam propter benedicta. Errores verò si benignè emendarit, ac sustulerit, demerebitur & me & lectores, qvi confisi forsitan mihi fallerentur, das ist/ Habe ich etwas gesagt/ das gefällig seyn kan/ so wisse der Leser GOtt dem HErren meinentwegen Danck: habe ich aber etwas gesagt/ daß da mißfällig/ so verzeihe er mir von GOttes wegen/ und halte zu gut was übel geredt umb des Willen was gut geredt. Wird man mir aber meine Fehler gütig anzeigen und benehmen/ so wird man beydes mir und meinen Lesern/ welche vielleicht/ wenn sie mir trauen/ möchten betrogen werden/ einen Dienst

thun. Will doch dieses vom Hauptwerck nicht gemeinet haben. Denn in dessen Ansehung/ weiß ich/ daß auch mich angehe die Regul Pauli Rom. XIV, 5.: Ἕκαστος ἐν τῷ ἰδίῳ νοῒ πληρο-φορείσθω, ein jeglicher sey in seiner Meynung gewiß/ das ist (wie Lutherus dabey glossiret) er wancke und zweiffele nicht in seinem Gewissen. GOttes Wort ist die Warheit: Das kan mir nicht triegen. Ich bleibe dabey biß an mein
ENDE/

www.ingramcontent.com/pod-product-compliance
Lightning Source LLC
Chambersburg PA
CBHW020808230426
43666CB00007B/907